Q&A

税理士が知っておくべき

相続の法務と手続き

民法（相続法）
改正対応

司法書士 **中下 祐介** 著

ロギカ書房

■ はじめに

　税理士には、相続の開始前か後かを問わず「相続にまつわる相談」が数多く寄せられます。

　また、顧問先など継続的な関係にあるクライアントについては、相続対策から相続発生後の手続きに至るまで、様々な相談に対応しなければならないこともあります。

　しかしながら、相続にまつわる相談の中には「税務の知識」のみでは、適切なアドバイスや判断ができないものも数多く存在します。

　特に法的なサポートを必要とするケースにおいては、判断を誤ったり、司法書士や弁護士への取次を円滑に行えなかった場合、クライアントに過度な負担や不利益が生じてしまう可能性があります。

　そのため、税理士が「相続に関する基本的な法務や手続き」を把握しておくことは非常に重要であり、クライアントの問題解決や法的リスクの予防にもつながります。

　本書は、司法書士である筆者の事務所に寄せられた「税理士の方からの質問」を中心に、相続に関係する法務や手続きについて、基本的かつ重要な内容をＱ＆Ａ形式でまとめたものです。

　各テーマごとに分けて構成をしておりますので、相談の内容に応じて、民法上の取扱いや実務のポイントなどを迅速に確認することができます。

　相続にまつわる相談を受けるにあたって、また、実際に相談があった際に本書をご活用いただき、クライアントへの対応やサービスにお役立ていただければ幸いです。

　令和2年10月

司法書士　中下　祐介

目次

第2章　相続開始前の法務と手続き

第3章　相続開始後の法務と手続き

（本書の内容は、2020 年 8 月末現在の法令等の情報に基づくものです。）

（本書では、民法第 5 編（相続）に規定されている条文の総称を「相続法」と表記します。）

相続発生後から1周忌までの流れと手続き

税理士は、顧問先の社長や役員が亡くなった場合に、親族や従業員から、相続後の手続きについて相談を受けることが少なくありません。

　具体的な手続きをすべて把握しておく必要はありませんが、一般的な手続きやスケジュール感については、抑えておいた方が良いでしょう。

　以下、相続発生後から1周忌までに行う一般的な流れと手続きについて、目安となる期間に応じて10個のステップに分けて説明します。

ステップ① 相続発生直後	・通夜・葬儀・告別式の手配 ・親族や関係者への連絡・調整など

ステップ② 相続発生後すぐ	・死亡診断書(死体検案書)の取得など

ステップ③ 7日以内	・死亡届の提出 ・(埋)火葬許可申請書の取得・提出など

ステップ④ 初七日過ぎ	・公共料金の解約手続き ・携帯電話・クレジットカードの解約手続き ・遺言の有無の調査 ・戸籍(除籍・改製原戸籍)、住民票の除票の取得など

ステップ⑤ 10日以内	・年金受給停止の手続きなど

ステップ⑥ 2週間以内	・住民異動届(世帯主変更)の提出 ・国民健康保険証の返却、資格喪失届の提出など

ステップ⑦ 3か月以内	・財産調査 ・金融機関・生命保険会社への届出 ・相続放棄(限定承認)の申述手続きなど

ステップ⑧ 4か月以内	・所得税・消費税の準確定申告(納税)など

ステップ⑨ 10か月以内	・相続税の申告(納税)など

ステップ⑩ 1年以内	・不動産・預貯金の名義変更などの遺産承継手続き ・法定相続情報証明制度の利用など

ステップ①　相続の発生直後に行うこと

☐　通夜・葬儀・告別式の手配
☐　親族や関係者への連絡・調整など

POINT ①

　相続発生後、すぐに着手することは、通夜・葬儀・告別式の手配です。

　葬儀を行うにあたっては、病院の霊安所からの遺体の搬送や、葬儀社の手配をする必要があります。

　また、親族や関係者への連絡については、時間に限りがあるため、直接連絡するべき方以外は、特定の親族等に連絡窓口を一任することも検討します。

POINT ②

　通常、通夜は亡くなった日の翌日、葬儀と告別式はその翌日に行います（亡くなった日の2日後に通夜、3日後に告別式というケースもあります）。

　（※）友引など六曜の関係で火葬場が営業していない場合は、日程が後倒しになります。

ステップ②　相続の発生後、速やかに行うこと

☐　死亡診断書（死体検案書）の取得など

POINT ①

　葬儀等の手配と並行して「死亡診断書（死体検案書）」を取得します。

　死亡診断書は、臨終に立会った医師または死亡を確認した医師から交付してもらいます【資料1】。

　死体検案書は、治療中の病気以外で亡くなった場合は病院から交付してもらい、事故などにより病院外で亡くなった場合は、警察の検死後、監察医から交付してもらいます。

POINT ②

通常、「死亡診断書（死体検案書)」は、亡くなった当日または翌日に交付してもらえます。

受領後は、その後の手続きで使用することもありますので、複数枚コピーを取っておくと良いでしょう。

なお、死亡診断書（死体検案書）は、死亡届と同一の用紙にまとめられています。

ステップ③　相続発生から7日以内に行うこと

☐　死亡届の提出

☐　（埋）火葬許可申請書の取得・提出など

POINT ①

「死亡届」は、被相続人の死亡地・本籍地または届出を出す方の住所地 (所在地) のいずれかを管轄する市区町村役場に提出します【資料2】。

POINT ②

死亡届を提出する際は、あわせて「（埋）火葬許可申請書」も提出します。市区町村役場から発行された「（埋）火葬許可証」は、火葬場に提出することになります【資料3】。

> （※）依頼をした葬儀社が、「死亡届」と「（埋）火葬許可申請書」を代わりに提出してくれる場合もあります。
> （※）自治体によっては、「火葬許可証」と「埋葬許可証」が別の用紙になっていることもあります。

POINT ③

火葬後、火葬場から「火葬済の印の押印された埋葬許可証」（以下、「埋葬許可証」という）と「骨壺」が交付されます。

霊園や墓地での納骨をする際は、この「埋葬許可証」の原本を提出します。

　なお、宗教的な違いもありますが、仏式の場合は、四十九日を目安に納骨を行う傾向にあるようです。

■【資料1】死亡診断書（死体検案書）

http://www.moj.go.jp/content/000011718.pdf （法務省 HP 死亡診断書記載例より）

死亡診断書（死体検案書）

この死亡診断書（死体検案書）は、我が国の死因統計作成の資料としても用いられます。かい書で、できるだけ詳しく書いてください。

氏名	民事一郎	❶男 2女	生年月日	明治 昭和 大正 平成	23 年 12 月 14 日

（生まれてから30日以内に死亡したとき は生まれた時刻も書いてください）　午前・午後　時　分

死亡したとき	平成 21 年 1 月 9 日　午前・午後 4 時 10 分

(12)(13) 死亡したところ 及びその種別

死亡したところの種別　❶病院 2診療所 3介護老人保健施設 4助産所 5老人ホーム 6自宅 7その他

死亡したところ　東京都港区庚門1丁目1　番地 番 1号

[死亡したところの種別1〜5] 施設の名称　〇〇〇〇病院

(14) 死亡の原因

◆I欄、II欄とも に疾患の終末期 の状態としての心不 全、呼吸不全等は 書かないでくださ い

◆I欄では、最も 死亡に影響を与え た傷病名を医学的 因果関係の順番で 書いてください

◆I欄の傷病名の 記載は各欄一つに してください

ただし、欄が不 足する場合は(エ) 欄に残りを医学的 因果関係の順番で 書いてください

		発病（発症）又は受傷から死亡までの期間
I	(ア) 直接死因　脳出血	10時間
	(イ) (ア)の原因　動脈硬化症	4ヶ月
	(ウ) (イ)の原因	
	(エ) (ウ)の原因	
II	直接には死因に関係しないがI欄の傷病経過に影響を及ぼした傷病名等	

◆年、月、日等の単位で書いてください ただし、1日未満の場合は、時、分等の単位で書いてください [例：1年3か月、5時間20分]

	部位及び主要所見	手術年月日	平成 昭和　年 月 日
手術	1無 2有		
解剖	主要所見 1無 2有		

(15) 死因の種類

1病死及び自然死

外因死　不慮の外因死 { 2交通事故 3転倒・転落 4溺水 5煙、火災及び火焔による傷害 6窒息 7中毒 8その他 }　その他及び不詳の外因死 { 9自殺 10他殺 11その他及び不詳の外因 }

12不詳の死

(16) 外因死の追加事項

傷害が発生したとき　平成・昭和　年 月 日 午前・午後 時 分

傷害が発生したところの種別 { 1住居 2工場及び建築現場 3道路 4その他（ ） }　傷害が発生したところ 都道府県 市区郡町村

手段及び状況

(17) 生後1年未満で病死した場合の追加事項

出生時体重 グラム　単胎・多胎の別 1単胎 2多胎（子中第 子）　妊娠週数 満 週

妊娠・分娩時における母体の病態又は異状 1無 2有 3不詳

母の生年月日 昭和 平成　年 月 日

前回までの妊娠の結果 出生児 人 死産児 胎（妊娠満22週以後に限る）

(18) その他特に付言すべきことがら

(19)

上記のとおり診断（検案）する

診断（検案）年月日 平成 年 月 日

本診断書（検案書）発行年月日 平成 年 月 日

病院、診療所若しくは介護老人保健施設等の名称及び所在地又は医師の住所　東京都港区白金台1丁目3　番地 番 6号

（氏名）　医師　法務康　印

■ 【資料2】死亡届

死 亡 届

平成 21 年 1 月 9 日届出

東京都千代田区 長 殿

受理	平成	年	月	日	発送	平成	年	月	日
第			号						長印
送付	平成	年	月	日					
第			号						
書類調査	戸籍記載	記載調査	調査票	附票	住民票	通知			

(1)	（よみかた）	みん じ　　　いち ろう	
(2)	氏　　名	民事　　　一郎 （氏）（名）	☑男 □女
(3)	生 年 月 日	昭和 23 年 12 月 14 日（生まれてから30日以内に死亡したときは生まれた時刻も書いてください）	□午前 □午後　　時　分
(4)	死亡したとき	平成 21 年 1 月 9 日	☑午前 □午後 4 時 10 分
(5)	死亡したところ	東京都 港区虎ノ門1丁目1	番地 番 1 号
(6)	住　　所 （住民登録をしているところ）	東京都千代田区霞が関1丁目1	番地 番 1 号
		世帯主 の氏名　民事 一郎	
(7)	本　　籍 （外国人のときは国籍だけを書いてください）	東京都千代田区丸の内1丁目1	番地 番
		筆頭者 の氏名　民事 一郎	
(8)(9)	死亡した人の 夫または妻	☑いる（満 60 歳）　いない（□未婚　□死別　□離別）	

記入の注意

鉛筆や消えやすいインキで書かないでください。

死亡したことを知った日からかぞえて7日以内に出してください。

届書は、1通でさしつかえありません。

「筆頭者の氏名」には、戸籍のはじめに記載されている人の氏名を書いてください。

内縁のものはふくまれません。

□には、あてはまるものに☑のようにしるしをつけてください。

(10)	死亡したときの 世帯のおもな 仕事と	□1.農業だけまたは農業とその他の仕事を持っている世帯 □2.自由業・商工業・サービス業等を個人で経営している世帯 ☑3.企業・個人商店等（官公庁は除く）の常用勤労者世帯で勤め先の従業者数が1人から99人までの世帯（日々または1年未満の契約の雇用者は5） □4.3にあてはまらない常用勤労者世帯及び会社団体の役員の世帯（日々または1年未満の契約の雇用者は5） □5.1から4にあてはまらないその他の仕事をしている者のいる世帯 □6.仕事をしている者のいない世帯
(11)	死亡した人の 職業・産業	（国勢調査の年…　　年…の4月1日から翌年3月31日までに死亡したときだけ書いてください） 職業　　　　　　　　　　　　　産業
	その他	

死亡者について書いてください。

届け出られた事項は、人口動態調査（統計法に基づく指定統計第5号、厚生労働省所管）にも用いられます。

届出人	☑1.同居の親族　□2.同居していない親族　□3.同居者　□4.家主　□5.地主 □6.家屋管理人　□7.土地管理人　□8.公設所の長　□9.後見人 □10.保佐人　□11.補助人　□12.任意後見人	
	住所	東京都千代田区霞が関1丁目1 番地 番 1 号
	本籍	東京都千代田区丸の内1丁目1 番地 番　筆頭者の氏名 民事太郎
	署名	民事 太郎　　印　昭和 51 年 12 月 28 日生
事件簿番号		

7

■【資料３】埋火許可申請書

http://www.city.kawasaki.jp/templates/faq/cmsfiles/contents/0000012/12379/maikaso-kinyu.pdf

	照合	担任	係長	課長
(体) 記入例				

死体埋火葬許可申請書

平成 〇〇 年 〇〇 月 〇〇 日

(あて先)　〇〇　区長

本　籍　川崎市〇〇区〇〇町〇丁目〇　　　　　　　　　　㊤番地

住　所　川崎市〇〇区〇〇町〇丁目〇　　　　番　号　㊤番地

死亡者と
の続柄　　子　　　申請人　　川崎　一朗　　㊞

明
大
㊐　〇〇 年　〇〇 月　〇〇 日生

次のとおり申請します。

本　籍	川崎市〇〇区〇〇町〇丁目〇	番 番地
住　所	川崎市〇〇区〇〇町〇丁目〇	番　号 番地
死亡者氏名	川崎　太郎　　　明 ㊐ 大 平　〇〇 年　〇〇 月　〇〇 日生	
性　別	㊚男　　　　女	
死　因	「一類感染症等」　　（「その他」）	
死亡の年月日時	平成 〇〇 年 〇〇 月 〇〇 日 午 前／後 〇〇 時 〇〇 分	
死亡の場所	川崎市 〇〇 区 〇〇 町 〇〇 丁目 〇〇 番 〇 号 番地	
埋葬又は火葬の場所	〇〇葬儀社	

8

ステップ④ 初七日を過ぎたころに行うこと

- □ 公共料金の解約手続き
- □ 携帯電話、クレジットカードの解約手続き
- □ 遺言の有無の調査
- □ 戸籍（除籍・改製原戸籍）、住民票の除票の取得など

POINT ①

被相続人と同居していた方がいない場合は、ガスや水道など公共料金の解約手続きを行います。

また、必要に応じて、携帯電話やクレジットカードについても解約手続きを行います。

POINT ②

被相続人が、遺言を残しているかどうか確認します。

自筆証書遺言であれば、自宅の重要書類などを保管している場所、貸金庫などを探します（詳細については、第3章1　相続財産の調査 **Q3-1** をご参照ください）。

平成元年以降に、公証役場において「公正証書遺言」を作成している場合は、公証役場に原本が保管されています。

公正証書遺言の有無については、最寄りの公証役場で調査が可能です（詳細については、第3章1　相続財産の調査 **Q3-4** をご参照ください）。

POINT ③

自筆証書遺言を発見した場合、家庭裁判所において「検認」という手続きをする必要があります（詳細については、第3章1　相続財産の調査 **Q3-3** をご参照ください）。

なお、自筆証書遺言が封緘されている場合、検認の手続きの前に遺言書を開封することは、法律で禁止されています（開封しても無効にはなりま

せん）。

　自筆証書遺言書を発見した場合は、むやみに開封しないよう注意しましょう。

POINT ④

　被相続人の出生から死亡までの戸籍（除籍・改製原戸籍）、住民票の除票、相続人全員の戸籍・印鑑証明書などを取得します。

【取得すべき証明書】

1　被相続人の出生から死亡までの戸籍・除籍・改製原戸籍
2　被相続人の住民票の除票（または戸籍の附票）
3　相続人全員の戸籍
4　相続人全員の住民票（または戸籍の附票）
5　相続人全員の印鑑証明書

（※）市区町村によっては、被相続人の死亡の情報が戸籍に載るまでに死亡届の提出から１～２週間程度かかることがあります。

（※）各証明書は、複数の手続きで利用することもありますので、２～３部取得しておくと遺産承継の手続きがスムーズにできます。

（※）法定相続情報証明制度を利用する場合は、印鑑証明書以外は、基本的に各１部で足ります（詳細については、第１章３　法定相続情報証明制度をご参照ください）。

【印鑑証明書の「有効期限」について】

　相続に関する様々な手続き（預貯金の相続手続き・相続登記など）をする際、相続人の印鑑証明書を求められるケースは少なくありません。

　また、多くの場合、提出する印鑑証明書について「発行から３か月以内のもの」、「発行から６か月以内のもの」と有効期限が設定されています。

　しかし、印鑑証明書自体には、そもそも有効期限はありません。

　印鑑証明書の有効期限は、手続きに関係する法令等または提出先の判断（運用）で設定されています（金融機関ごとに設定している有効期限が異

なることもあります）。

　そのため、相続手続きに利用する印鑑証明書については、事前に提出先が設定している有効期限を確認の上、提出時期を考慮して取得した方が良いでしょう。

戸籍の附票とは？

　戸籍の附票とは、本籍地がある市区町村において戸籍の原本と一緒に保管されているもので、**当該戸籍が作られてから（またはその戸籍に入籍してから）現在に至るまで（またはその戸籍から除籍されるまで）の住所がすべて記録されています。**

　なお、戸籍の附票は、戸籍に入っている全員が消除されると戸籍の附票の除票となります。

　この戸籍の附票の除票は、令和元年6月20日より、法令に基づく保存期間が150年間となりましたが、それ以前は保存期間が5年間であったため、令和元年6月19日の時点で保存期間の5年を超えている場合は、破棄されているケースが多いです（市区町村によっては保管されているケースもあります）。

　戸籍の附票は、以下のような場合に活用できます。

①　現住所の証明書として利用する場合

　戸籍の附票には最新の住所も記載されているため、住民票と同じように現住所の証明書として利用できます。

② 相続人の現住所を調査する場合

　相続人の住所を調査するにあたって、現住所が不明でも本籍地が判明している場合は、戸籍の附票を取得することで現住所を特定することができます。

③ 相続登記で被相続人の登記簿上の住所と最後（死亡時）の住所が一致しない場合

　相続登記では、被相続人の登記簿上の住所と最後（死亡時）の住所が一致しない場合、住所の変遷を公的証明書で証明する必要があるのですが、被相続人が複数回の住所移転をしていて「住民票の除票（※）」では証明できない場合でも、戸籍の附票（戸籍の附票の除票）で証明できることがあります。

　　（※）住民票の除票とは、死亡または他の市区町村に転出したことにより抹消された住民票のことであり、原則として前住所までしか記載されていません。（市区町村をまたがって住所を移転している場合）

ステップ⑤ 　10日（または14日）以内に行うこと

□　年金受給停止の手続きなど

POINT ①

　被相続人が年金を受け取っていた場合は、年金の受給を停止します（年金は亡くなった月の分まで受給できます）。

◆提出先

　　年金事務所または街角の年金相談センター

◆提出書類

　　・年金受給者死亡届【資料4】

　　・死亡を証明する書類（除籍など）

この届出については、国民年金の場合は、亡くなった日から14日以内、厚生年金の場合は、10日以内に行う必要があります（受給の停止を怠った場合、不正受給とみなされるリスクがあります）。

　なお、日本年金機構に個人番号（マイナンバー）が収録されている場合は、原則として「年金受給権者死亡届」の提出を省略できます。

POINT ②

　ケースに応じて、遺族年金、寡婦年金の受給手続きを行います。

　年金制度は、被相続人の加入状況などで取扱いに差があります。

　詳細については、直接年金事務所へ連絡をするか「ねんきんダイヤル」を利用して確認してください（ねんきんダイヤル　TEL：0570－05－1165）。

■【資料4】年金受給権者死亡届

https://www.nenkin.go.jp/service/jukyu/todoke/kyotsu/20140421-15.files/515rei.pdf

記入例　受給権者死亡届（報告書）

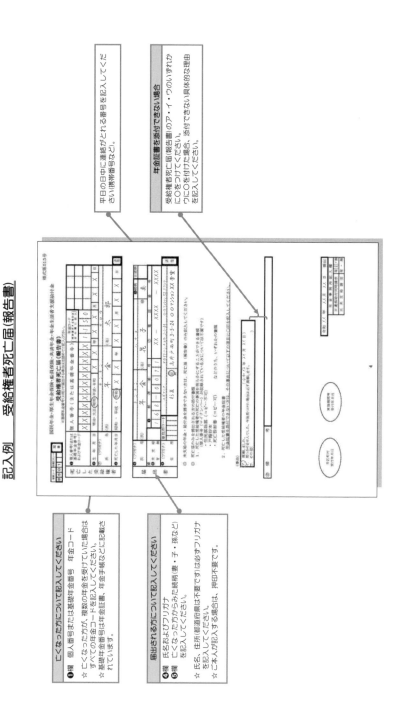

14

☐ 住民異動届（世帯主変更）の提出
☐ 国民健康保険証の返却、資格喪失届の提出など

POINT ①

　被相続人が住民票の世帯主になっている場合は、世帯主の変更届を提出します（世帯主が亡くなったことにより、世帯に属する人が1人になった場合は、届出は不要です）。

◆ 提出先
　　被相続人の最後の住所地の市区町村役場
◆ 必要なもの
　　・住民異動届（世帯主変更）【資料5】
　　・国民健康保険証（加入している場合）
　　・運転免許証などの身分証明書（窓口に行く人のもの）
　　・認印

POINT ②

　国民健康保険証の返却、資格喪失届などを提出します。
　被相続人が国民健康保険に加入していた場合、提出先は「住民異動届（世帯主変更）」と同じく、被相続人の最後の住所地の市区町村役場です。

◆ 提出先
　　被相続人の最後の住所地の市区町村役場
◆ 提出書類
　　・国民健康保険被保険者資格喪失届【資料6】
　　・後期高齢者医療被保険者資格喪失届（被相続人が該当する場合）
　　【資料7】
　　・介護保険資格喪失届（被相続人が該当する場合）【資料8】
　　（※）市区町村によっては、死亡届の提出のみで足り、各資格喪失届が不要

15

な場合もあります。

◆返却書類（一般的なケース）
　・国民健康保険被保険者証（世帯主が死亡した場合は全員のもの）
　・後期高齢者医療保険被保険者証（被相続人が交付されていた場合）
　・介護保険被保険者証（被相続人が交付されていた場合）

【健康保険の場合の注意点】

　被相続人が会社員などで健康保険に加入していた場合は、健康保険・厚生年金保険被保険者資格喪失届を「亡くなった日から５日以内」に年金事務所に提出する必要があります【資料９】。

　この手続きは勤務先が行うため、親族が対応する必要はありませんが、保険証を勤務先に返却する必要があります。

　また、被相続人の扶養に入っていた方は、健康保険と厚生年金の資格を喪失します。

　その場合、国民健康保険・国民年金に加入するかまたは他の親族の健康保険の被扶養者になる手続きを行う必要があります。

■【資料5】住民異動届（世帯主変更）

https://www.city.niimi.okayama.jp/media_images/files/%2821%29.pdf

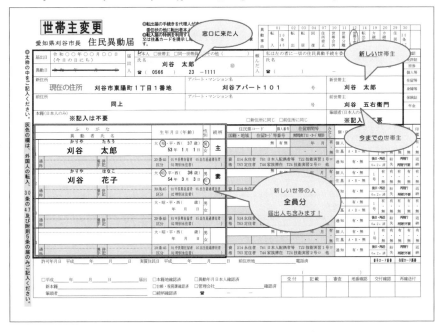

■ 【資料６】国民健康保険被保険者資格喪失届

https://www4.city.kanazawa.lg.jp/data/open/cnt/3/4739/6/idoutodokekinyuurei.
pdf?20190820105851

国民健康保険被保険者資格喪失届 （ 包括 ・ 一部） **記入例**

(あて先) 松江市長

私は、下記のとおり国民健康保険法第9条および同法施行規則第11条、第12条、第13条の規定に基づき被保険者証を添えて届出します。

なお、資格喪失後に受診した療養について、医療機関等より診療報酬の請求があった場合は、新たに加入した保険に関する情報を医療機関等へ提供することに同意します。

				令和　　　年　　　月　　　日	
世帯主	住所	松江市末次町86番地	電話	0852 － 55 － 5555	
	氏名	松江 太郎	個人番号	1 2 3 4 5 6 7 8 9 0 1 2	
届出者		*届出者が世帯主以外の場合は、ご記入ください。 ■世帯員(世帯主との続柄： 妻 ） □その他（ ）＊委任状必要			
	住所	■世帯主と同じ 松江市			
	氏名	松江 花子	電話	0852 － 55 － 5555	

記号番号 01 －

太枠内のみご記入ください

	氏　名	世帯主との続柄	性別	生年月日	個 人 番 号
1	(フリガナ) マツエ　タロウ 松江 太郎	本人	男 女	昭和 平成 令和 30 年 1 月 1 日	1 2 3 4 5 6 7 8 9 0 1 2
2	(フリガナ) マツエ　ハナコ 松江 花子	妻	男 女	昭和 平成 令和 35 年 1 月 1 日	0 2 4 6 8 0 2 4 6 8 0 2
3	(フリガナ) マツエ　イチロウ 松江 一郎	子	男 女	昭和 平成 令和 20 年 5 月 5 日	9 9 9 9 9 9 9 9 9 9 9 9
4	(フリガナ)			昭和	
5	(フリガナ)			令和　　年　　月　　日	
転出先				県 　　　　　市・郡	

国民健康保険をやめる方をご記入ください

喪失年月日		平成 ・ 令和 　　年　　月　　日		資格喪失事由	後期高齢 社保加入 転出 死亡 生活保護開始 国保組合加入 その他（ ）
他の健康保険資格取得・喪失状況		□別紙証明書添付			
保 険 者					
記 号 ・番 号					
資格取得年月日	昭和 ・平成 　　年　　月　　日			本人確認	※写真付きのものは1点、以外のものは2点 □ 運転免許証 □ パスポート □ 個人番号カード □ 住基カード(写真付き) □ 在留カード □ 世帯員の保険証(国保等) □ 各種医療受給者証 □ その他〔 〕
保険証交付年月日	昭和 ・平成 　　年　　月　　日				
勤務先等の名称 所在地 ・ 連絡先		担当 　　　　様に確認			

	[資格]	医療機関受診(あり・なし)	納付方法 (前) 自主・口座・特徴 (後) 自主・口座・特徴	資格喪失交付 期(督促料 あり・なし) 納期限【 月 日まで有効手入れ	
審査		レセPC確認	世帯メモ確認	納付書交付 期(督促料 あり・なし) 納期限【 月 日】	
	[賦課]	未納の有・無 収納係連絡	国年喪失者メモ	賦課明細書	年金(未支給・死亡届・遺族・一時金)
		給付管理案内 (葬祭・ 限度額）	後期高齢加入公費入力	更正通知書	旧国保 有（ 黒・赤 ） 無
		子ども医療①案内	所得不明者 申告	更正決定決議書	返信用封筒
入力者		退職非該当届	減免の有無(賦課確認)	保険証回収 （ 済・未 ）	メモ
		異送付先設定	還付口座依頼書	高齢証回収 （ 済・未 ）	
		宛名(電話番号)	口座廃止・口座振付	誓約書	

18

■【資料7】後期高齢者医療被保険者資格喪失届

http://www.koukikoureitokushima.jp/tkkroot/home/tkkimages/45/shikaku_todoke_rei2.pdf

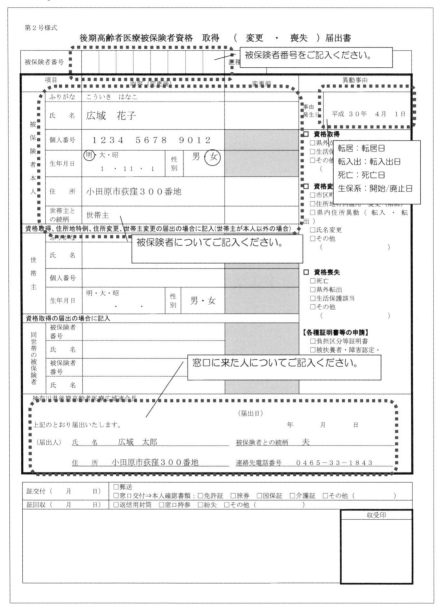

■【資料8】介護保険資格喪失届

https://www.city.sagamihara.kanagawa.jp/_res/projects/default_project/_page_/001/011/559/kaigo_sikaku_rei_2020.pdf

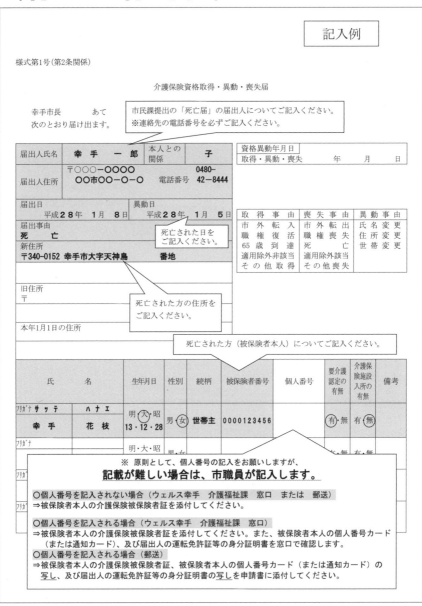

様式第1号(第2条関係)

介護保険資格取得・異動・喪失届

記入例

幸手市長　　あて
次のとおり届け出ます。

市民課提出の「死亡届」の届出人についてご記入ください。
※連絡先の電話番号を必ずご記入ください。

| 届出人氏名 | 幸手 一郎 | 本人との関係 | 子 |
| 届出人住所 | 〒○○○-○○○○　○○市○○-○-○　電話番号 0480-42-8444 | | |

| 届出日 | 平成28年 1月 8日 | 異動日 | 平成28年 1月 5日 |

届出事由
死亡

死亡された日をご記入ください。

新住所
〒340-0152 幸手市大字天神島　　番地

旧住所
〒

死亡された方の住所をご記入ください。

本年1月1日の住所

資格異動年月日
取得・異動・喪失　　　年　　月　　日

取 得 事 由	喪 失 事 由	異 動 事 由
市 外 転 入	市 外 転 出	氏 名 変 更
職 権 復 活	職 権 喪 失	住 所 変 更
65 歳 到 達	死 亡	世 帯 変 更
適用除外非該当	適用除外該当	
そ の 他 取 得	そ の 他 喪 失	

死亡された方（被保険者本人）についてご記入ください。

氏　　　名	生年月日	性別	続柄	被保険者番号	個人番号	要介護認定の有無	介護保険施設入所の有無	備考
フリガナ サッテ ハナエ 幸手 花枝	明・大・昭 13・12・28	男・女	世帯主	0000123456		有・無	有・無	
フリガナ	明・大・昭	男・				・無	有・無	

※ 原則として、個人番号の記入をお願いしますが、
記載が難しい場合は、市職員が記入します。

○個人番号を記入されない場合（ウェルス幸手 介護福祉課 窓口 または 郵送）
⇒被保険者本人の介護保険被保険者証を添付してください。

○個人番号を記入される場合（ウェルス幸手 介護福祉課 窓口）
⇒被保険者本人の介護保険被保険者証を添付してください。また、被保険者本人の個人番号カード
（または通知カード）、及び届出人の運転免許証等の身分証明書を窓口で確認します。

○個人番号を記入される場合（郵送）
⇒被保険者本人の介護保険被保険者証、被保険者本人の個人番号カード（または通知カード）の
写し、及び届出人の運転免許証等の身分証明書の写しを申請書に添付してください。

■【資料9】健康保険・厚生年金保険被保険者資格喪失届

https://www.nenkin.go.jp/service/kounen/kenpo-todoke/hihokensha/20140722.
files/0000020841WmioE6Jhw7r.pdf

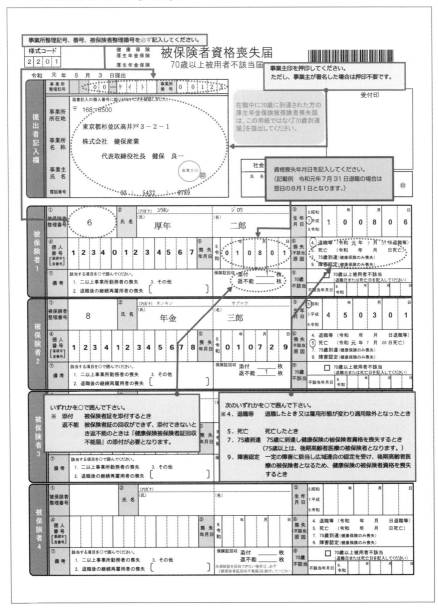

ステップ⑦　３か月以内に行うこと

- ☐ 財産調査
- ☐ 金融機関・生命保険会社への届出
- ☐ 相続放棄（限定承認）の申述手続きなど

POINT ①

　金融機関に対して、財産調査のために口座名義人が亡くなったことを届け出て、「残高証明書」などを請求した場合、被相続人名義の口座は凍結されます。

　なお、凍結後の口座については、出金・振込・引落しができなくなりますので、公共料金などの支払方法が自動引落しになっている場合は、引落口座の変更などを行ってから届け出るよう注意しましょう。

（※）地域によっては、新聞のお悔み欄などから金融機関が相続の情報を知り口座を凍結するケースもあります。

POINT ②

　被相続人の資産状況によっては、相続放棄をした方が良いケースがあります。

　その場合、原則、「亡くなったことを知った日から３か月以内」に家庭裁判所に相続放棄の申述をする必要があります。

　家庭裁判所に対して、相続放棄の申述手続きをする場合、当該手続きの準備（財産調査など）に時間がかかるため、被相続人に借金や保証人となっている契約などが無いかについては、相続の開始日から１か月〜１か月半以内に確認しておいた方が良いでしょう（詳細については、第３章１相続財産の調査 **Q3-10** をご参照ください）。

ステップ⑧　４か月以内に行うこと

- ☐ 所得税・消費税の準確定申告（納税）など

被相続人の生前の状況に応じて、亡くなった日から4か月以内に、所得税・消費税の準確定申告（納税）をします（被相続人の死亡当時の納税地の税務署に提出します）。

ステップ⑨　10か月以内に行うこと

☐　相続税の申告（納税）など

被相続人の相続税の申告が必要な場合は、亡くなった日から10か月以内に、相続税の申告（納税）をします（被相続人の最後の住所地を所轄する税務署に提出します）。

ステップ⑩　1年以内に行うこと

☐　不動産・預貯金の名義変更などの遺産承継手続き
☐　法定相続情報証明制度の利用など

相続発生から1年が経過するまでには、不動産や預貯金の名義変更は、一通り完了させておきましょう。

特に法律上の期限はありませんが、二次相続などが生じると手続きが難航することがあります。

遺産承継手続きを行うにあたっては、ステップ④で取得した戸籍関係などを利用して、「法定相続情報証明制度」を利用すると、複数の相続手続きを並行して進められるので便利です（詳細については、第1章3の法定相続情報証明制度をご参照ください）。

第 **1** 章

相続法務の基礎知識

1 法定相続人・法定相続分

Q1-1 ─ 法定相続人

相続が発生した場合、だれが相続人になりますか？

相続が発生した場合の法定相続人は、以下のとおりです。

まず、配偶者がいる場合は、**配偶者は常に相続人**になります。

そして、配偶者以外の親族は、次の順位で配偶者と一緒に相続人になります。

（※）配偶者がいない場合は、次の順位の者のみが相続人になります。

第1順位　子

・子は全員相続人になります（実子・養子・胎児）。

・子が既に死亡しているときは、その子の直系卑属（子供や孫など）が相続人になります。このとき亡くなった子の子が相続人になることを「代襲相続（だいしゅうそうぞく）」といい、さらにその子も亡くなっていて孫（被相続人のひ孫）が相続人になることを「再代襲相続（さいだいしゅうそうぞく）」といいます。

第2順位　直系尊属（父母や祖父母）

（※）直系の関係にある上の世代（父母や祖父母）を直系尊属、直系の関係にある下の世代（子や孫）を直系卑属といいます。

・父母が離婚していても、どちらも相続人になります。

・父母がいずれも死亡している場合は、祖父母が相続人になります。父母の一方のみが生存している場合は、その者のみが相続人になりま

す。

・父母も祖父母もいるときは、死亡した人により近い世代である「父母」が相続人になります。

第3順位　兄弟姉妹

・兄弟姉妹が既に死亡しているときは、その子が相続人になります。
・兄弟姉妹が既に死亡しており、さらにその子も死亡している場合は、第1順位の子の場合と異なり再代襲相続にはなりません。

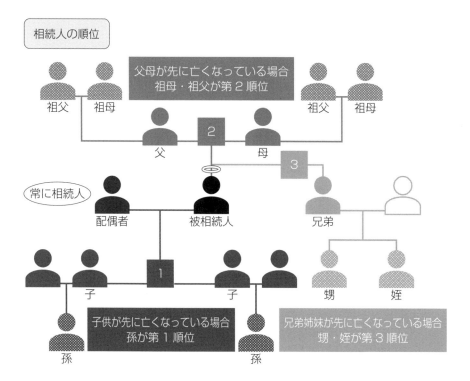

相続人の順位

父母が先に亡くなっている場合
祖母・祖父が第2順位

祖父　祖母　　父　　2　　母　　　祖父　祖母

3

常に相続人

配偶者　　被相続人　　兄弟

子　　1　　子　　　甥　　姪

子供が先に亡くなっている場合
孫が第1順位

兄弟姉妹が先に亡くなっている場合
甥・姪が第3順位

孫　　　　　　　孫

■相続人が直系卑属と直系尊属の場合の違い

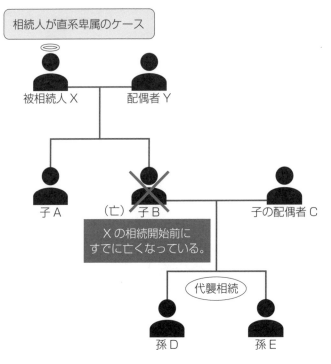

相続人が直系卑属のケース

被相続人 X   配偶者 Y

子 A   （亡）子 B   子の配偶者 C

X の相続開始前に
すでに亡くなっている。

代襲相続

孫 D   孫 E

→相続人は Y・A・D・E （相続分は、Y（$\frac{4}{8}$）・A（$\frac{2}{8}$）・DE（各 $\frac{1}{8}$）となる。）

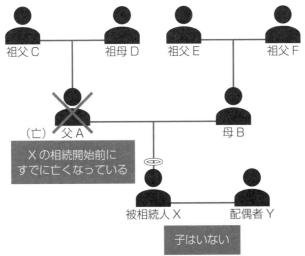

相続人が直系尊属のケース

祖父C　祖母D　祖父E　祖父F

（亡）父A　母B

Xの相続開始前に
すでに亡くなっている

被相続人X　配偶者Y

子はいない

→相続人は　Y・B　（相続分は、Y（ $\frac{2}{3}$ ）・B（ $\frac{1}{3}$ ）となる。）

（※）代襲相続のようにCとDがAの代わりに相続人にはならない。

Q_{1-2} ─ 法定相続分

相続人の法定相続分は、どのような割合になりますか？

　各相続人の法定相続分は、以下の割合になります。ただし、当該割合はあくまでも民法上の相続割合であるため、相続人全員が遺産分割協議で合意することで自由に変更できます（例：相続人の1人が全財産を相続するなど）。

　①　配偶者と子供が相続人である場合……配偶者2分の1・子2分の1

　（※）子が複数いる場合の相続分は、2分の1を頭数で除した割合。

　②　配偶者と直系尊属が相続人である場合……配偶者3分の2・直系尊

属 3 分の 1

（※）直系尊属が複数いる場合の相続分は、3 分の 1 を頭数で除した割合。

③　配偶者と兄弟姉妹が相続人である場合……配偶者 4 分の 3・兄弟姉妹 4 分の 1

（※）兄弟姉妹が複数いる場合の相続分は、4 分の 1 を頭数で除した割合。

順位	法定相続人	備考
常に相続人	配偶者	・配偶者以外の親族は、次の順位で配偶者と一緒に相続人になります。 （※）配偶者がいない場合は、次の順位の者のみが相続人になります。
第 1 順位	子 （胎児や養子も含まれます）	・子は全員相続人になります（実子・養子・胎児）。 ・子が既に死亡している場合は、その子の直系卑属（子供や孫など）が相続人になります。 　このとき、亡くなった子の子が相続人となることを「代襲相続（だいしゅうそうぞく）」といい、さらにその子も亡くなっていて孫（被相続人のひ孫）が相続人になることを「再代襲相続（さいだいしゅうそうぞく）」といいます。
第 2 順位	直系尊属 （父母や祖父母）	・父母が離婚していても、どちらも相続人のままです。 ・父母がいずれも死亡している場合は、祖父母が相続人になります。 ・父母の一方のみが生存している場合は、その者のみが相続人になります。 ・父母も祖父母もいるときは、死亡した人により近い世代である「父母」が相続人になります。
第 3 順位	兄弟姉妹	・兄弟姉妹が先に亡くなってしまっている場合は、その子(甥や姪)が相続人になります(代襲相続)。 　ただし、兄弟姉妹の場合には、子の場合と異なり再代襲相続はありませんので、甥や姪が先に亡くなっていても、その子が相続人になることはできません。

Q1-3 ── 適用される法律の違いに注意

何世代も前の相続から手続きをしていない場合、注意すべきことは
ありますか？

　以下のとおり、相続が発生した時期によって適用される法律が異なるた
め、法定相続分の割合が現在と異なるケースがあります。

相続開始日が昭和 55 年 12 月 31 日以前の注意点！

　相続開始日が昭和 55 年 12 月 31 日以前の場合、その当時の法律の相続
割合が適用されます。

〈昭和 22 年 5 月 3 日から昭和 55 年 12 月 31 日まで〉

　・相続人が配偶者と直系卑属の場合

　　➡配偶者 1/3、子 2/3（子が複数いる場合は 2/3 を頭数で除した割合）

　・相続人が配偶者と直系尊属の場合

　　➡配偶者 1/2、親 1/2（父母がいずれも存命中の場合は 1/4 ずつ）

　・相続人が配偶者と兄弟姉妹の場合

　　➡配偶者 2/3、兄弟姉妹 1/3（兄弟姉妹が複数いる場合は頭数で除し
　　　た割合）

（※）昭和 56 年 1 月 1 日以降に発生した相続から、兄弟姉妹の再代襲相続が認
　　められないことになりました（昭和 23 年 1 月 1 日から昭和 55 年 12 月 31
　　日までは、認められていました）。

〈昭和 22 年 5 月 2 日以前〉

　戸主が亡くなった場合、原則として、法定家督相続人のみが相続人とな
ります。

　家督相続人になるのは、亡くなった方の戸籍に同籍していた子の年長者
であり、通常、長男が家督相続人になりました。

　なお、戸主以外の人が亡くなった場合は「遺産相続」という取扱いのも
と相続人が決定するのですが、税理士業務において取り扱うケースは少な

いと思われますので、説明は割愛します。

　実際にそのような事件を対応することになった場合は、司法書士に相談してください。

Q1-4 ── 非嫡出子

　非嫡出子とはどのような存在ですか？　また、相続分はどのような取扱いになるのでしょうか？

　非嫡出子とは、結婚していない男女間に生まれた子（婚外子）のことです。

　平成25年9月5日以降に発生した相続については、嫡出子と非嫡出子の相続分は「平等」です。

　また、平成13年7月1日から平成25年9月4日までに開始した相続についても、判例（最判平成25年9月4日）により、非嫡出子と嫡出子の相続分は平等に取り扱うことになっていますが、平成13年7月1日から平成25年9月4日の判決までの間に開始した相続のうち、遺産分割の審判や裁判、遺産分割協議などの合意によって、すでに確定している法律関係には影響が及びません。

　なお、平成13年6月30日までに発生した相続については、非嫡出子の相続分は、一律、嫡出子の2分の1です。

Q1-5 同性愛者間の婚姻・相続

日本における同性愛者間の婚姻・相続関係は、どのような取扱いに
なっていますか？

現在の日本の法制度においては、同性間の婚姻は認められておらず、地
方自治体から「パートナーシップ証明書」（※）の発行を受けている場合
であっても、法律上の婚姻関係や相続関係は発生しません。

よって、パートナーに財産を残したい場合は、遺言や生命保険、家族信
託（民事信託）などを利用する必要があります。

なお、同性愛者間で「養子縁組」の利用を検討する方がいるようです
が、養子縁組は、「親子関係」の創設が制度の趣旨であり、異なる目的の
ために利用した場合、相続開始後に否認されるリスクもあります。

よって、同性愛者の方が、パートナーに対して財産を残したい場合、現
状の法制度下では、前述の遺言や生命保険、家族信託（民事信託）などを
利用して対応することを検討します。

（※）パートナーシップ証明書とは、戸籍上の性別が同じ二者間において、男女間
　　の婚姻関係と同程度の実質を備えていて、一定の条件を満たしている場合
　　に、地方自治体がパートナーシップ証明制度に基いて発行する「パートナー
　　関係であることの証明書」です。

2 戸籍・戸籍の見方

Q1-6 — 戸籍の種類

戸籍の種類にはどのようなものがありますか？

　戸籍は、作成された時期によって「旧法戸籍」と「現行戸籍」に分類され、以下の種類があります。

(旧法戸籍)

・明治5年式戸籍（壬申戸籍）（明治5年2月1日〜明治19年10月15日まで）

　（※）今日では公開に適しない情報（身分など）が記載されているため、現在は取得できません。

・明治19年式戸籍（明治19年10月16日〜明治31年7月15日まで）

・明治31年式戸籍（明治31年7月16日〜大正3年12月31日まで）

・大正4年式戸籍（大正4年1月1日〜昭和22年12月31日）

(現行戸籍)

・昭和23年式戸籍（昭和23年1月1日〜現在）

　現在の戸籍と同一の様式。実際の運用は昭和33年4月1日以降から開始。

・平成6年式戸籍（コンピュータ化により縦書きから横書きへ変更）

Q1-7　保存期限

戸籍・除籍・改製原戸籍謄本に保存期限はありますか？

　戸籍の保存期限は定められていませんが、除籍・改製原戸籍の保存期限については、戸籍法施行規則により「除籍又は改製された年の翌年から150年間」と定められています。

　なお、平成22年6月1日の戸籍法施行規則の改正前は、除籍は80年間、改製原戸籍は80年間（平成6年12月1日以降、戸籍事務の電算化により改正原戸籍となったものは100年間）が保存期限でした。

Q1-8　戸籍関係の確認

被相続人の相続関係は、戸籍でどのように確認すればよいのでしょうか？

　出生から死亡までの一連の戸籍（除籍・改製原戸籍）謄本を取得して、相続人を確定させます。

　以下のモデルケースをもとに、戸籍の遡り方を説明します。

被相続人「甲野太郎」の出生〜死亡までの戸籍（除籍・改製原戸籍）
① 最新の戸籍

本籍	東京都世田谷区世田谷一丁目1番地
氏名	甲野太郎
戸籍事項	【戸籍改製日】平成9年9月1日
戸籍改製	【改製事由】平成6年法務省令第51号附則第2条第1項による改製
戸籍に記載されている者	【名】太郎
	【生年月日】昭和18年9月10日
	【父】甲野吉郎
	【母】甲野梅子
	【続柄】長男
身分事項	【出生日】昭和18年9月10日
出 生	【出生地】東京都新宿区
	【届出日】昭和18年9月11日
	【届出人】父
婚 姻	【婚姻日】昭和44年2月10日
	【配偶者氏名】乙野花子
	【従前戸籍】東京都新宿区新宿一丁目1番地　甲野吉郎
死 亡	【死亡日】令和2年8月1日
	【死亡時分】午後4時30分
	【死亡地】東京都新宿区新宿一丁目…
	【届出日】令和2年8月2日
	【届出人】親族　甲野一郎
…	…

改製の日付が記載されている場合は、同一の本籍地で新たに戸籍が作られたということです。この情報をもとに、1つ前の戸籍（改製原戸籍）を取得します。

太郎の死亡日が書かれています。

　この戸籍の記載からは、平成9年9月1日に改製によって作られ、令和2年8月1日に甲野太郎が亡くなるまでを表した戸籍であるという情報が読み取れます。
　これ以前の戸籍を遡るには、平成9年9月1日の改製前の戸籍（改製原戸籍といいます）を、本籍地である世田谷区に請求します。【本籍地：世田谷区世田谷一丁目1番地・筆頭者：甲野太郎の改製原戸籍】

36

② ①の1つ前の戸籍

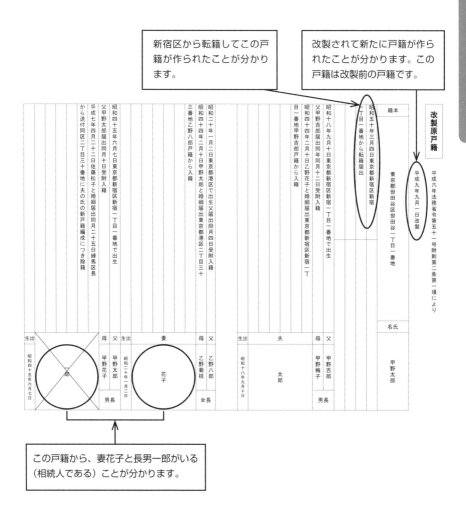

新宿区から転籍してこの戸籍が作られたことが分かります。

改製されて新たに戸籍が作られたことが分かります。この戸籍は改製前の戸籍です。

この戸籍から、妻花子と長男一郎がいる（相続人である）ことが分かります。

　この戸籍（改製原戸籍）の記載からは、昭和50年3月4日に「新宿区新宿一丁目1番地」から転籍して作られ、平成9年9月1日の改製によって作り変えられるまでを表した戸籍であるという情報が読み取れます。

　これ以前の戸籍を遡るには、昭和50年3月4日の転籍前の戸籍を、転籍前の本籍地である新宿区に請求します。【本籍地：新宿区新宿一丁目1番地・筆頭者：甲野太郎の除籍】

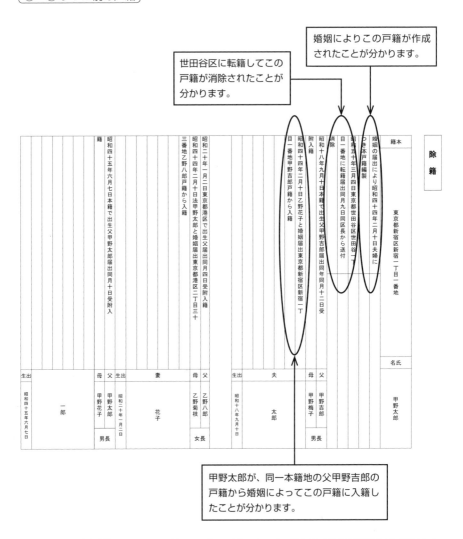

婚姻によりこの戸籍が作成
されたことが分かります。

世田谷区に転籍してこの
戸籍が消除されたことが
分かります。

甲野太郎が、同一本籍地の父甲野吉郎の
戸籍から婚姻によってこの戸籍に入籍し
たことが分かります。

除籍											
籍本	婚姻の届出により昭和四十四年二月十日夫婦につき本戸籍編製	昭和五十年三月四日東京都世田谷区世田谷一丁目一番地に転籍届出同月九日同区長から送付	消除	昭和四十四年九月十日本籍で出生父甲野吉郎届出同年同月十二日受附入籍	昭和四十四年二月十日乙野花子と婚姻届出東京都新宿区新宿一丁目一番地甲野吉郎戸籍から入籍	昭和四十四年二月十日法甲野太郎と婚姻届出東京都港区二丁目三十三番地乙野八郎戸籍から入籍	昭和二十年一月二日東京都港区で出生父甲野太郎届出同月四日受附入籍	昭和四十五年六月七日本籍で出生父甲野太郎届出同月十日受附入籍

氏名　甲野太郎

父　甲野吉郎
母　甲野梅子
夫　太郎
出生　昭和十八年九月十日
長男

父　乙野八郎
母　乙野菊枝
妻　花子
出生　昭和二十年一月二日
長女

父　甲野太郎
母　甲野花子
出生　昭和四十五年六月七日
一郎
長男

東京都新宿区新宿一丁目一番地

　この戸籍（除籍）からは、昭和44年2月10日に甲野太郎が乙野花子と婚姻した
ことによって作られ、昭和50年3月4日に世田谷区世田谷一丁目1番地に転籍し
たことによって消除されたという情報が読み取れます。

　これ以前の戸籍を遡るには、昭和44年2月10日の婚姻より前の戸籍を、同一本
籍地である新宿区に請求します。（本籍地：新宿区一丁目1番地・筆頭者：甲野吉郎
の改製原戸籍）

④　③の1つ前の戸籍

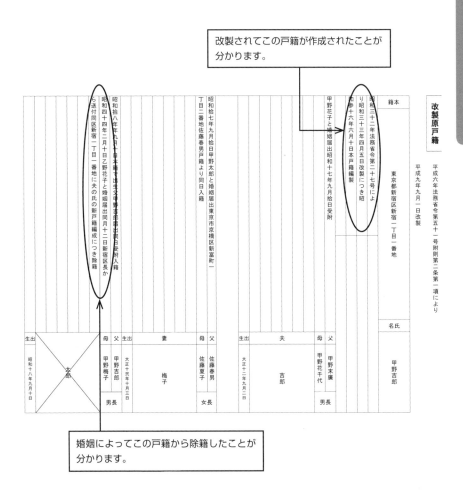

改製されてこの戸籍が作成されたことが
分かります。

婚姻によってこの戸籍から除籍したことが
分かります。

　この戸籍（改製原戸籍）からは、昭和 36 年 6 月 10 日に改製によって作成され、甲野太郎が昭和 44 年 2 月 10 日婚姻によって除籍されたという情報が読み取れます。
　これ以前の戸籍を遡るには、昭和 36 年 6 月 10 日の改製前の戸籍を、同一本籍地である新宿区に請求します。（本籍地：新宿区新宿一丁目 1 番地・筆頭者：甲野吉郎の改製原戸籍）

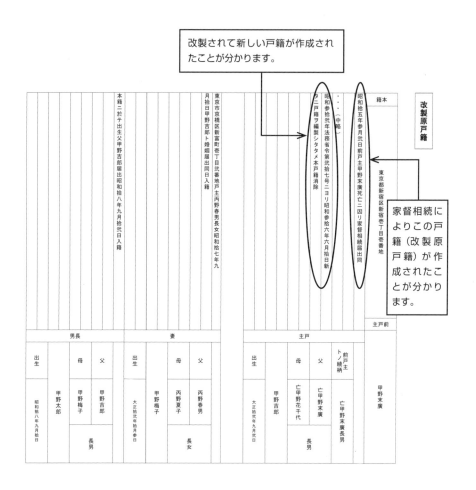

改製されて新しい戸籍が作成されたことが分かります。

家督相続によりこの戸籍（改製原戸籍）が作成されたことが分かります。

改製原戸籍

　この戸籍（改製原戸籍）からは、昭和 15 年 3 月 2 日に家督相続によって作成され、昭和 36 年 6 月 10 日に改製によって新しい戸籍が作成されたという情報が読み取れます。

　甲野太郎の生年月日は、昭和 18 年 9 月 10 日であるため、これで出生まで遡れたことになります。

　以上の一連の戸籍・改製原戸籍（①〜⑤）の内容をすべて確認して、相続人を特定します（必要に応じて相続人の現在戸籍も確認します）。

Q1-9 税理士の職務上請求

税理士は、職権で戸籍（除籍・改製原戸籍）や住民票の写し等を取得することはできますか？

　税理士は、戸籍法及び住民基本台帳法の定めるところにより、受任している事件または事務に関する業務を遂行するためなどに必要な場合は、戸籍（除籍・改製原戸籍）や住民票の写し等を「職務上請求書」で取得することができます。

　なお、受任している事件または事務に関する業務とは、税理士法第2条第1項第1号から第3号に規定するいわゆる税理士業務（税務代理・税務書類の作成・税務相談）のことを指します。

参照条文
戸籍法第10条の2　前条第1項に規定する者以外の者は、次の各号に掲げる場合に限り、戸籍謄本等の交付の請求をすることができる。この場合において、当該請求をする者は、それぞれ当該各号に定める事項を明らかにしてこれをしなければならない。
　一　自己の権利を行使し、又は自己の義務を履行するために戸籍の記載事項を確認する必要がある場合　権利又は義務の発生原因及び内容並びに当該権利を行使し、又は当該義務を履行するために戸籍の記載事項の確認を必要とする理由
　二　（省略）
　三　（省略）
2　（省略）
3　第1項の規定にかかわらず、弁護士（弁護士法人を含む。次項において同じ。）、司法書士（司法書士法人を含む。次項において同じ。）、土地家屋調査士（土地家屋調査士法人を含む。次項において同じ。）、**税理士（税理士法人を含む。次項において同じ。）**、社会保険労務士（社会保険労務士法人を含む。次項において同じ。）、弁理士（特許業務法人を含む。次項において同じ。）、海事代理士又は行政書士（行政書士法人を含む。）**は、受任している事件又は事務に関する業務を遂行するために必要がある場合には、戸籍謄本等の交付の請求をすることができる。**この場合において、当該請求をする者は、その有する資格、当該業務の種類、当該事件又は事務の依頼者の氏名又は名称及び当該依頼者についての第一項各号に定める事項を明らかにしてこれをしなければならない。
4～6（省略）

（本人等以外の者の申出による住民票の写し等の交付）
住民基本台帳法第12条の3　市町村長は、前2条の規定によるもののほか、当該市

町村が備える住民基本台帳について、次に掲げる者から、住民票の写しで基礎証明事項（第7条第一号から第三号まで及び第六号から第八号までに掲げる事項をいう。以下この項及び第7項において同じ。）のみが表示されたもの又は住民票記載事項証明書で基礎証明事項に関するものが必要である旨の申出があり、かつ、当該申出を相当と認めるときは、当該申出をする者に当該住民票の写し又は住民票記載事項証明書を交付することができる。

一　（省略）

二　（省略）

三　（省略）

2　市町村長は、前2条及び前項の規定によるもののほか、当該市町村が備える住民基本台帳について、**特定事務受任者から、受任している事件又は事務の依頼者が同項各号に掲げる者に該当することを理由として、同項に規定する住民票の写し又は住民票記載事項証明書が必要である旨の申出があり、かつ、当該申出を相当と認めるときは、当該特定事務受任者に当該住民票の写し又は住民票記載事項証明書を交付すること**ができる。

3　前項に規定する**「特定事務受任者」**とは、弁護士（弁護士法人を含む。）、司法書士（司法書士法人を含む。）、土地家屋調査士（土地家屋調査士法人を含む。）、**税理士（税理士法人を含む。）**、社会保険労務士（社会保険労務士法人を含む。）、弁理士（特許業務法人を含む。）、海事代理士又は行政書士（行政書士法人を含む。）**をいう。**

4　（以下省略）

3 法定相続情報証明制度

Q1-10 法定相続情報証明制度

法定相続情報証明制度とはどのような制度でしょうか？

「法定相続情報証明制度」とは、平成 29 年 5 月 29 日から全国の登記所（法務局）で取扱いが開始された制度です。

この制度では、相続人または代理人（※）が、登記所（法務局）に対して、必要書類を添付して申請をすることで、相続関係を確認した登記官から、認証文付きの相続関係の一覧図の写し（以下、「法定相続情報一覧図の写し」という）の交付を受けることができます【資料 10】。

これまでの相続手続きにおいては、相続関係を証明するために、被相続人の出生から死亡までの戸籍や相続人全員の戸籍などを提出して、使いまわすことが一般的でした（戸籍をまとめて束にしたものを使いまわして利用するため、相続手続きをする金融機関などが多いと大幅に時間がかかっていました）。

この点、「法定相続情報一覧図の写し」は複数部交付してもらうことも可能であり、また、相続税の申告や相続登記、金融機関の相続手続きなど様々な手続きに利用できるため、複数の相続手続きを同時に進めることが可能です。

また、「法定相続情報一覧図の写し」の記載から法定相続人の情報が一目瞭然で分かるため、事務所内での案件概要の把握、金融機関窓口での相続関係のチェックもスムーズに進み、業務効率も向上します。

（※）法定相続情報証明制度で代理人になれる者
　　・弁護士
　　・司法書士

- ・土地家屋調査士
- ・税理士
- ・社会保険労務士
- ・弁理士
- ・海事代理士
- ・行政書士
- ・上記専門家のほか申出人の親族

■ 【資料 10】法定相続情報一覧図の写し（記載例）

http://houmukyoku.moj.go.jp/homu/content/001296105.pdf

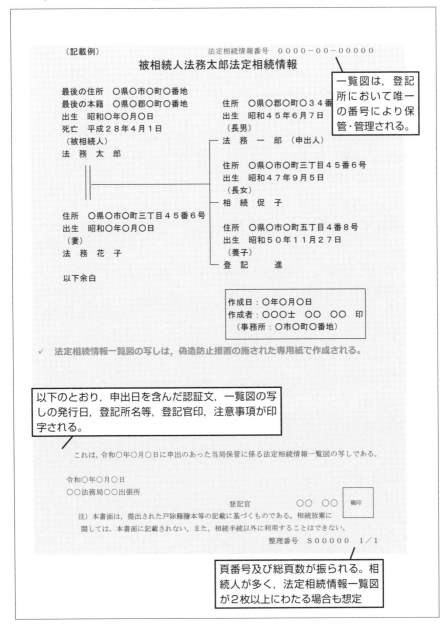

45

Q1-11 法定相続情報証明制度の利用方法

法定相続情報証明制度は、どのように利用すればよいのでしょうか？

　法定相続情報証明は、通常、相続人または代理人（**Q1-10**（※））が、①被相続人の本籍地、②被相続人の最後の住所地、③申出人の住所地または④被相続人名義の不動産の所在地を管轄する登記所（法務局）に対して、申出書【**資料11**】（※）とあわせて必要書類を提出することで利用できます。

　なお、「法定相続情報一覧図の写し」の交付までには、1週間～2週間程度の期間がかかります（申請してすぐに交付を受けることはできません）。

　（※）登記所（法務局）指定の様式で作成した「法定相続情報一覧図」を添付します。

◎利用料金

　「法定相続情報一覧図の写し」の交付手数料は、通数にかかわらず無料です。

　再交付を受けることもできますが、改めて請求をする場合、手間と時間がかかるため、初回の申請時に余裕をもった通数を取得した方が良いでしょう。

■ 【必要書類】（被相続人の配偶者と子が相続人になるケース）

	書類名
1	被相続人の出生から死亡までの連続した戸籍（除籍・改製原戸籍）謄本 （※）市区町村において廃棄されて取得できない場合は、市区町村発行の「廃棄証明」または「滅失証明」を添付します。
2	被相続人の住民票の除票 （※）市区町村において廃棄されて取得できない場合は、本籍地を管轄する市区町村発行の「戸籍（除籍）の附票」を添付します。
3	相続人全員の現在の戸籍謄本または抄本
4	申出人の氏名・住所を確認することができる公的書類 （例） ① 運転免許証のコピー ② マイナンバーカードの表面のコピー ③ 住民票 （※）①②については、コピーに「原本と相違がない」旨を記載をした上で、申出人の記名と押印が必要です。
5	○法定相続情報一覧図に相続人の住所を記載する場合 ・各相続人の住民票 （※）法定相続情報一覧図に相続人の住所を記載するかどうかは「任意」です。
6	○委任による代理人が申出の手続きをする場合 ・委任状 ○申出人の親族が代理する場合 ・申出人と代理人が親族関係にあることが分かる戸籍謄本（1または3の書類で親族関係が分かる場合は不要） ○資格者代理人が代理する場合 ・資格者代理人団体所定の身分証明書の写し等（司法書士の会員証など）

　被相続人の両親、祖父母、兄弟姉妹が法定相続人となるときは、上記1の書類に加えて被相続人の親や兄弟姉妹の戸籍（除籍・改製原戸籍）謄本の添付が必要になる場合があります。

■【資料11】法定相続情報一覧図の保管及び交付の申出書

http://houmukyoku.moj.go.jp/tokyo/content/001302105.pdf

別記第1号様式

法定相続情報一覧図の保管及び交付の申出書

（補完年月日　令和　　年　　　月　　　日）

申 出 年 月 日	令和　　年　　月　　日	法定相続情報番号	－　　　　－
被相続人の表示	氏　　　　名 最後の住所 生 年 月 日　　　　　　　年　　　月　　　日 死亡年月日　　　　　　　年　　　月　　　日		
申 出 人 の 表 示	住所 氏名　　　　　　　　　　　㊞ 連絡先　　　　　　－　　　　－ 被相続人との続柄　　（　　　　　　　　　）		
代 理 人 の 表 示	住所（事務所） 氏名　　　　　　　　　　　㊞ 連絡先　　　　　　－　　　　－ 申出人との関係　　□法定代理人　　□委任による代理人		
利 用 目 的	□不動産登記　□預貯金の払戻し　□相続税の申告 □その他（　　　　　　　　　　　　　　　　　　　　　）		
必要な写しの通数・交付方法	通　　（　□窓口で受取　□郵送　） ※郵送の場合，送付先は申出人（又は代理人）の表示欄にある住所（事務所）となる。		
被相続人名義の不動産の有無	□有 □無	（有の場合，不動産所在事項又は不動産番号を以下に記載する。）	
申出先登記所の種別	□被相続人の本籍地　　　　□被相続人の最後の住所地 □申出人の住所地　　　　　□被相続人名義の不動産の所在地		

　上記被相続人の法定相続情報一覧図を別添のとおり提出し，上記通数の一覧図の写しの交付を申出します。交付を受けた一覧図の写しについては，相続手続においてのみ使用し，その他の用途には使用しません。
　申出の日から3か月以内に一覧図の写し及び返却書類を受け取らない場合は，廃棄して差し支えありません。

　　　　　　　（地方）法務局　　　　　　　支局・出張所　　　　　　　　宛

※受領確認書類(不動産登記規則第247条第6項の規定により返却する書類に限る。)
戸籍（個人）全部事項証明書（　　通），除籍事項証明書（　　通）戸籍謄本（　　　通）
除籍謄本（　　通），改製原戸籍謄本（　　通）戸籍の附票の写し（　　通）
戸籍の附票の除票の写し（　　通）住民票の写し（　　通），住民票の除票の写し（　　　通）

受領	確認1	確認2	スキャナ・入力	交付		受取

●申出書の記入例

黒太枠内の事項を記入してください。

被相続人（亡くなられた方）の氏名、最後の住所、生年月日及び死亡年月日を記入してください。

（代理人によって申出をする場合）代理人の住所、氏名、連絡先を記入し、申出人との関係が法定代理人・委任による代理人のどちらであるかをチェックしてください。

一覧図の写しの必要通数を記入するとともに、一覧図の写しの受取の方法について、窓口受取・郵送・郵送のどちらであるかをチェックしてください。なお、郵送による場合は、返信用の封筒及び郵便切手が必要です。また、窓口で受取をする場合は、受取人の確認をするため、「申出人の表示」欄に押印した印鑑を持参してください。

申出をする登記所は、以下の地を管轄する登記所のいずれかを選択してください。①被相続人の本籍地②被相続人の最後の住所地③申出人の住所地④被相続人名義の不動産の所在地

法定相続情報一覧図の保管及び交付の申出書

（補完年月日　令和　年　月　日）　法定相続情報番号 ‐

申出年月日	令和元年　5月　2日
被相続人の表示	氏名　法務　太郎 最後の住所　○県○市○町○番地 生年月日　昭和○年　○月　○日 死亡年月日　平成○年　○月　○日
申出人の表示	住所　○県○市○町○番地 氏名　法務　次郎　㊞ 連絡先　090-1234-5678 被相続人との続柄　（　子　）
代理人の表示（事務所）	住所　　　　　　　　　　　㊞ 氏名 連絡先 申出人との関係　□法定代理人　□委任による代理人
利用目的	□不動産登記　☑預貯金の払戻し　□相続税の申告 □その他（　　　　　　）
必要な写しの通数・交付方法	4通　☑窓口で受取　□郵送
被相続人名義の不動産の有無	□有（有の場合　不動産所在事項又は不動産番号を以下に記載する。） □無　○市○町○丁目○番
申出先登記所の種別	□被相続人の本籍地　□被相続人の最後の住所地 ☑申出人の住所地　□被相続人名義の不動産の所在地

上記被相続人の法定相続情報一覧図を別添のとおり提出し、上記通数の一覧図の写しの交付を申出します。一覧図の写しを受けた後、一覧図の写しについては、相続手続においてのみ使用し、その他の用途には使用しません。
なお、提出した一覧図は、5年間保管されることを希望しません。
申出の日から3か月以内に上記一覧図の写し及び返還書類を受け取らない場合は、廃棄して差し支えありません。

○○（地方）法務局　○○　支局・出張所　宛

※受付確認書類（不動産登記規則第247条第6項の規定により添付する書面）
戸籍（個人）全部事項証明書（　通）、除籍事項証明書（　通）戸籍謄本（　通）
除籍謄本（　通）改製原戸籍謄本（　通）住民票の写し（　通）
戸籍の附票の写し（　通）、住民票の除票の写し（　通）

受付	受付	確認1	確認2	スキャナ入力	交付

受領	受付

申出をする年月日を記入してください。なお、郵送による申出の場合には、登記所に申出書等が届いた日を申出年月日として取り扱いますので、ご承知おき願います。

申出人の住所、氏名、連絡先及び被相続人との続柄を記入してください。氏名の横には、押印（認め印で可）をしてください。

一覧図の写しの利用目的をチェックしてください。その他の欄に記入する場合は、単に「相続手続」とせず、具体的な相続手続の名称（例えば、「株式の名義変更」等）を記入してください。

被相続人名義の不動産の有無をチェックしてください。有を選択した場合は、不動産所在事項又は不動産番号を記入してください。なお、不動産が複数ある場合は、そのうちの一つを記入することで差し支えありません。「被相続人名義の不動産の種別」欄において申出先登記所を選択した場合には、記入において被相続人名義の不動産の所在地（「申出先登記所の種別」欄で被相続人名義の不動産の管轄する30のうちの一つを記入する必要があります。

申出先登記所の登記所名を具体的に記入してください。なお、登記所は、法務局ホームページの「管轄のご案内」からお調べいただけます。

Q1-12 法定相続情報一覧図の再交付

法定相続情報一覧図の写しが足りなくなった場合、追加で再交付をしてもらえるのでしょうか?

再交付の請求をすることが可能です【資料12】。

法定相続情報一覧図の写しは、その登記所(法務局)において、5年間(申出日の翌年から起算)保管されますので、紛失をしてしまった場合や足りなくなってしまった場合でも、この期間内であれば再交付を受けることが可能です。

なお、再交付の手数料も無料です。

Q1-13 法定相続情報証明制度の利用上の注意点

法定相続情報証明制度を利用する場合、注意点はありますか?

法定相続情報一覧図には「法定相続人のみ」が記載されるため、被相続人に孫や兄弟姉妹がいる場合であっても、相続人以外の親族の情報を確認することができません。

また、相続関係に影響のない被相続人の結婚、離婚などの婚姻歴も記載されません。

よって、相続財産等の調査をする上で、相続人以外の親族や結婚歴などを確認したい場合は、戸籍等で別途確認する必要があります。

また、法定相続情報一覧図の写しの交付手続き後において、子の認知があった場合、相続開始時には胎児であったものが生まれた場合や相続人の廃除や相続放棄があった場合は、実際の相続関係と不一致が生じますので、注意が必要です。

■【資料 12】法定相続情報一覧図の再交付の申出書

http://houmukyoku.moj.go.jp/tokyo/content/001302106.pdf

別記第2号様式

法定相続情報一覧図の再交付の申出書

再交付申出年月日	令和　　　年　　　月　　　日	法定相続情報番号	－　　　　　－

被相続人の表示	氏　　　名 最後の住所 生 年 月 日　　　　　　年　　　月　　　日 死亡年月日　　　　　　年　　　月　　　日
申 出 人 の 表 示	住所 氏名　　　　　　　　　　㊞ 連絡先　　　　　　－　　　　－ 被相続人との続柄　　（　　　　　　　　　）
代 理 人 の 表 示	住所（事務所） 氏名　　　　　　　　　　㊞ 連絡先　　　　　　－　　　　－ 申出人との関係　　□法定代理人　　□委任による代理人
利　　用　　目　　的	□不動産登記　□預貯金の払戻し　□相続税の申告 □その他（　　　　　　　　　　　　　　　　　　　　　）
必要な写しの通数・交付方法	通　　（　□窓口で受取　□郵送　） ※郵送の場合，送付先は申出人（又は代理人）の表示欄にある住所（事務所）となる。

　上記通数の法定相続情報一覧図の写しの再交付を申出します。交付を受けた一覧図の写しについては，相続手続においてのみ使用し，その他の用途には使用しません。3か月以内に一覧図の写しを受け取らない場合は，廃棄して差し支えありません。

　　　　　（地方）法務局　　　　　支局・出張所　　　　　　　宛

受領	確認	交付

受取

51

●再交付申出書の記入例

法定相続情報一覧図の再交付の申出書

再交付申出年月日	令和元年　5月　2日	法定相続情報番号	－　－

被相続人の表示
氏　　名　　法務　太郎
最後の住所　○県○市○町○番地
生年月日　　昭和○年　○月　○日
死亡年月日　平成○年　○月　○日

申出人の表示
住所　　　　　　　○県○市○町○番地
氏名　　　　　　　法務　次郎　㊞
連絡先　　　　　　090-1234-5678
被相続人との続柄　（　子　）

代理人の表示
住所（事務所）
氏名　　　　　　　　　　㊞
連絡先　　　　　　－
申出人との関係　　□法定代理人　□委任による代理人

利用目的　　□不動産登記　□預貯金の払戻し　□相続税の申告
　　　　　　□その他　（　　　　　　　　　　　　）

必要な写しの通数・交付方法　　1通　（　□窓口で受取　□郵送　）
※郵送による場合送付先は申出人（又は法定代理人）の住所欄にある住所（事務所欄にある...

OO（地方）法務局　OO　支局・出張所　　宛

受取	

受領	確認	交付

（右側の注記）

黒太枠内の事項を記入してください。

被相続人（亡くなられた方）の氏名、最後の住所、生年月日及び死亡年月日を記入してください。

（代理によって申出をする場合）代理人の住所、氏名、連絡先を記入し、申出人との関係が法定代理人・委任による代理人のどちらであるかをチェックしてください。

一覧図の写しの必要通数を記入するとともに、一覧図の写しの受取方法について、窓口で受取及び郵送のどちらであるかをチェックしてください。なお、郵送による場合は、返信用の封筒及び郵便切手が必要です。また、窓口で受取する場合は、受取人の確認のため、申出人の表示欄に押印した印鑑を持参してください。

（左側の注記）

再交付の申出をする年月日を記入してください。

申出人の住所、氏名、連絡先及び被相続人との続柄を記入してください。氏名の横には、押印（認め印で可）をしてください。なお、再交付の申出人となることができる方は、当初の申出において申出人となっていた方です。

一覧図の写しの利用目的をチェックウン又は記入してください。その他欄に記入する場合は、単に「相続手続」とせず、具体的な相続手続の名称（例えば、「株式の相続手続」等）を記入してください。

申出先登記所は、当初の申出をした登記所（法定相続情報一覧図が保管されている登記所）となります。申出先登記所を具体的に記入してください。

52

第1章 相続法務の基礎知識

4 相続人不存在・相続財産管理人

4 相続人不存在・相続財産管理人

Q1-14 ─ 相続人不存在

相続人がいない場合、被相続人の債権者などは、どのように対応することになるのでしょうか？

被相続人に相続人がいない場合や、法定相続人全員が相続放棄をしたため相続人が不在となった場合、相続財産は「法人化」されます。

相続財産が法人化されると、被相続人の債権者などの利害関係人は、家庭裁判所に対して「相続財産管理人の選任申立」をすることができ、選任された相続財産管理人に対して債務の履行を請求することになります（弁済を受けられる時期については、**Q1-15**の【手続きの流れ】をご確認ください）。

なお、相続財産管理人の選任までに要する期間は、家庭裁判所の状況によって異なりますが、通常、申立から1か月程度かかります。

参照条文
（相続財産法人の成立）
民法 第951条 相続人のあることが明らかでないときは、相続財産は、法人とする。

（相続財産の管理人の選任）
民法 第952条 前条の場合には、家庭裁判所は、利害関係人又は検察官の請求によって、相続財産の管理人を選任しなければならない。
　2　前項の規定により相続財産の管理人を選任したときは、家庭裁判所は、遅滞なくこれを公告しなければならない。

【相続財産管理人の選任までの流れ】

※一般的なスケジュールです。
※審判に対しての不服申立てはできません。

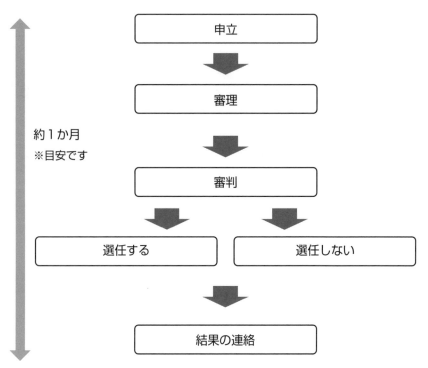

約１か月
※目安です

申立

↓

審理

↓

審判

↓   ↓

選任する   選任しない

↓

結果の連絡

【申立について】

○申立人

- ・利害関係人（被相続人の債権者、特定遺贈を受けた者、特別縁故者など）
- ・検察官

○申立先

- ・被相続人の最後の住所地の家庭裁判所

○費用

- ・収入印紙 800 円分
- ・郵便切手（家庭裁判所により金額が異なるため管轄裁判所に要確認）
- ・官報公告料 4,230 円（家庭裁判所の指示を受けてから納付）

  （※）相続財産の内容から、相続財産管理人が相続財産を管理するために必要な費用（相続財産管理人に対する報酬を含む）に不足が出る可能性がある場合は、相続財産管理人が円滑に事務を行うことができるよう、申立人が相当額を予納金として納付することがあります。

  当該予納金の金額は、ケースによっては 100 万円程度になることもあるため、留意する必要があります。

○申立時の必要書類

① 申立書【資料 13】

② 被相続人の出生から死亡までのすべての戸籍（除籍・改製原戸籍）謄本

③ 被相続人の父母の出生から死亡時までのすべての戸籍（除籍・改製原戸籍）謄本

④ 被相続人の子（およびその代襲者）で死亡している者がいる場合、その子（およびその代襲者）の出生から死亡時までのすべての戸籍（除籍・改製原戸籍）謄本

⑤ 被相続人の直系尊属の死亡の記載のある戸籍（除籍・改製原戸籍）謄本

⑥ 被相続人の兄弟姉妹で死亡している者がいる場合、その兄弟姉妹の出生から死亡時までのすべての戸籍 (除籍・改製原戸籍）謄本

⑦　代襲者としての甥・姪で死亡している者がいる場合，その甥または
　　姪の死亡の記載がある戸籍（除籍・改製原戸籍）謄本
⑧　被相続人の本籍の記載のある住民票の除票（または戸籍の附票）
⑨　財産を証する資料（不動産登記事項証明書、通帳の写し、残高証明
　　書など）
⑩　利害関係人からの申立ての場合、利害関係を証する資料（金銭消費
　　貸借契約書の写し等）
⑪　財産管理人の候補者がいる場合にはその者の住民票（または戸籍の
　　附票）
　（※）同じ書類は1通で足ります。
　（※）審理のために必要な場合は、追加書類の提出を指示されることがあります。

■ 【資料 13】申立書の記入例（相続財産管理人選任）

受付印		家 事 審 判 申 立 書　事件名（ 相続財産管理人選任 ）
		（この欄に申立手数料として1件について800円分の収入印紙を貼ってください。） 印　紙 （貼った印紙に押印しないでください。） （注意）登記手数料としての収入印紙を納付する場合は，登記手数料としての収入印紙は貼らずにそのまま提出してください。
収入印紙　　　　円 予納郵便切手　　円 予納収入印紙　　円		

準口頭		関連事件番号　平成・令和　　　年（家　　）第　　　　　　　　号

○　○　家 庭 裁 判 所 御 中 令和 ○ 年 ○ 月 ○ 日	申　立　人 （又は法定代理人など） の 記 名 押 印	丙　田　杉　男　㊞

添付書類	

申 立 人

本　籍 （国 籍）	（戸籍の添付が必要とされていない申立ての場合は，記入する必要はありません。） 　　都　道 　　府　県
住　所	〒 ○○○ － ○○○○　　　　電話 ○○○（○○○）○○○○ ○○県○○市○○町○丁目○番○号 （　　　　　　方）
連絡先	〒　　－　　　電話（　　） （注：住所で確実に連絡ができるときは記入しないでください。） （　　　　　　方）
フリガナ 氏　名	ヘ イ タ　　スギオ 丙　田　杉　男　｜昭和 平成 令和 ○ 年 ○ 月 ○ 日生 （　○○　歳）
職　業	会　社　員

被 相 続 人 ※

本　籍 （国 籍）	（戸籍の添付が必要とされていない申立ての場合は，記入する必要はありません。） ○○　都道府県　○○市○○町○丁目○番地
最後の 住　所	〒 ○○○ － ○○○○　　　　電話（　　） ○○県○○市○○町○丁目○番○号 （　　　　　　方）
連絡先	〒　　－　　　電話（　　） （　　　　　　方）
フリガナ 氏　名	コ ウ ノ　　タ ロ ウ 甲　野　太　郎　｜昭和 平成 令和 ○ 年 ○ 月 ○ 日生 （　　　歳）
職　業	無　職

（注）　太枠の中だけ記入してください。
※の部分は，申立人，法定代理人，成年被後見人となるべき者，不在者，共同相続人，被相続人等の区別を記入してください。
別表第一（ 1/ 2 ）

57

申　立　て　の　趣　旨

被相続人の相続財産管理人を選任するとの審判を求めます。

申　立　て　の　理　由

1　申立人は，被相続人の近所に居住する被相続人の亡妻の弟にあたる者ですが，平成〇〇年ころ

から，妻に先立たれ一人暮らしの被相続人の身の回りの世話をし，被相続人所有の別添遺産目録

中の不動産を事実上管理してきました。

2　被相続人は，令和〇年〇月〇日に死亡し，相続が開始しましたが，相続人のあることが明らか

ではなく，また，遺言の存否も不明なので，申立人が管理する不動産を引き継ぐことができませ

ん。このような状況にありますので，申立ての趣旨のとおり審判を求めます。

（別紙）

財 産 目 録

【土　地】

番号	所　　在	地　番	地　目	地　積	備　考
1	○○市○○町○丁目	番 ○ ○	宅地	平方メートル 150 00	甲野太郎名義 建物1の敷地

財 産 目 録

【建　物】

番号	所　　在	家屋番号	種　類	構　造	床 面 積	備　考
1	○○市○○町○丁目○番地	○番○	居宅	木造瓦葺平家建	平方メートル 90 00	甲野太郎名義 土地1上の建物

財 産 目 録

【現金，預・貯金，株式等】

番号	品　　目	単　位	数　量（金　額）	備　考
1	○○銀行定期預金（番号○○○－○○○○）		3，104，000円	
2	○○銀行普通預金（番号○○○－○○○○）		800，123円	
3	○○株式会社　株式	50 円	8，000株	
4	現金		4，500円	

Q1-15 ─ 相続財産管理人選任後の手続き

相続財産管理人が選任された後は、どのように手続きが進みますか？

相続財産管理人が選任された後は、通常、以下の流れで手続きが進みます。

なお、手続きの途中で相続財産が無くなった場合は、その時点で手続きが終了します。

【手続きの流れ】

① 家庭裁判所が「相続財産管理人が選任された旨」の公告をします。

↓（2か月間）

② 相続財産管理人が「相続財産の債権者または受遺者に対して、被相続人に対する請求があれば申し出をすべき旨」の公告をします。
　また、知れたる相続債権者及び受遺者に対しては、各別に請求申出すべきことを催告します。

↓（2か月間以上）

相続債権者及び受遺者への弁済

↓

③ 相続財産管理人の申立てにより、家庭裁判所は「相続人である者は、その権利を主張すべき旨」の公告をします。
　この公告期間満了により相続人並びに相続財産の管理人に知れなかった相続債権者と受遺者は、その権利が行使できなくなります。

↓（6か月間以上）

④ ③の公告期間満了後、特別縁故者（※）から「特別縁故者に対する相

続財産分与」の申立てが行われ、家庭裁判所が相当と認めたときは、「特別縁故者に対する財産分与の審判」がなされ、相続財産管理人から当該特別縁故者に対して清算後残存すべき相続財産の全部または一部が分与されます。

　なお、この請求については、③の公告期間満了後、3か月以内に行う必要があります。

　（※）被相続人と生計を同じくしていた者、被相続人の療養看護に努めた者その他被相続人と特別の縁故があった者

⬇（3か月間）

⑤　①〜④までの手続き後において、相続財産が残っている場合は、相続財産管理人が、当該相続財産を国に引き継いで手続きは終了となります。

参照条文
（残余財産の国庫への帰属）
民法 第959条　前条の規定により処分されなかった相続財産は、国庫に帰属する。この場合においては、第956条第2項の規定を準用する。

5 配偶者居住権

配偶者居住権とは、どのような権利でしょうか？

　配偶者居住権とは、被相続人の配偶者が、被相続人が所有していた居住建物の「所有権」を取得せずに、当該建物を無償で居住または使用、収益できる権利です。

　配偶者居住権によって居住できる期間は、原則、当該配偶者が亡くなるまでですが、別段の定めも可能です。

（例）・配偶者＋子２人
　　　・居住建物（土地・建物）……4,000万円
　　　　➡配偶者居住権の評価額2,000万円
　　　・金銭……4,000万円

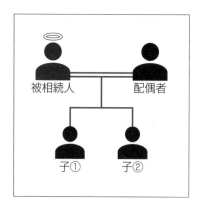

遺産

土地・建物
4,000万円

金銭
4,000万円

☆配偶者居住権の評価額
2,000万円

これまでの遺産分割 （法定相続分のケース）	配偶者居住権を利用した場合

 配偶者 4,000万円
（不動産）

 子① 2,000万円
（金銭）

 子② 2,000万円
（金銭）

配偶者は、不動産を取得した場合、金銭を取得することができない。

 配偶者 2,000万円
（配偶者居住権）

2,000万円
（金銭）

 子① 2,000万円
（不動産の所有権）

 子② 2,000万円
（金銭）

配偶者は、住居と金銭を取得することができる。

○これまで

➡配偶者の法定相続分4,000万円では、金銭を取得できない。

○配偶者居住権を利用した場合

➡配偶者居住権＋金銭（2,000万円）を取得できる。

参照条文

（配偶者居住権）

民法第1028条　被相続人の配偶者（以下この章において単に「配偶者」という。）は、被相続人の財産に属した建物に相続開始の時に居住していた場合において、次の各号のいずれかに該当するときは、その居住していた建物（以下この節において「居住建物」という。）の全部について無償で使用及び収益をする権利（以下この章において「配偶者居住権」という。）を取得する。ただし、被相続人が相続開始の時に居住建物を配偶者以外の者と共有していた場合にあっては、この限りでない。

一　遺産の分割によって配偶者居住権を取得するものとされたとき。

二　配偶者居住権が遺贈の目的とされたとき。

2 居住建物が配偶者の財産に属することとなった場合であっても、他の者がその共有持分を有するときは、配偶者居住権は、消滅しない。
3 第903条第4項の規定は、配偶者居住権の遺贈について準用する。

Q1-17 配偶者居住権の取得方法

配偶者居住権はどうすれば取得することができますか？

配偶者居住権は、以下の３つのうち、いずれかの方法で取得します。

① 遺産分割　　　　② 遺言・死因贈与　　③ 家庭裁判所の審判

遺産分割協議書

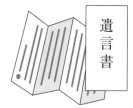
遺言書

裁判所

また、配偶者居住権の取得要件は、以下のとおりです。
(1) 配偶者が被相続人の遺産である建物に相続開始時に居住をしていたこと
(2) 建物が被相続人の単独所有または配偶者との共有であること
（※）相続開始時点において、対象建物の所有権が、被相続人と第三者の共有になっている場合は、配偶者居住権は設定できません。

【注意点】

②の遺言に基づいて配偶者居住権を取得させる場合は、注意をしなければならないことがあります。

それは、遺言の文言を「配偶者居住権について、妻（または夫）○○に相続させる」といった、いわゆる「相続させる旨の遺言（特定財産承継遺

言)」は極力避けるべきということです。

なぜなら、相続させる旨の遺言の法的性質について、判例（最判平成3年4月19日）では、「相続させる旨の遺言は、遺産分割の方法の指定であり、特段の事情のない限り、何らの行為を要せずして被相続人の死亡の時に直ちに相続により承継される。」と判示しているため、配偶者居住権を拒否したい場合に「相続放棄」の手続きをとらなければならない可能性があるからです。

この点、仮に相続させる旨の遺言で取得させた場合であっても、遺言全体の内容や趣旨などから、遺贈と取り扱える可能性もゼロではありません。また、相続人全員の合意があれば放棄をすることができるという見解もあります。

とは言え、不安定な取扱いになることは、できる限り避けた方が無難なため、これから遺言を作成する場合には、「相続させる」ではなく「遺贈する」と明確に記載をした方が良いでしょう。

Q1-18 配偶者居住権の譲渡・売買

配偶者居住権を譲渡（売買・贈与など）することはできますか？

できません。

配偶者居住権は、あくまで配偶者のために創設された制度であり、第三者に譲渡（売買・贈与など）をすることは認められません。

参照条文

（配偶者による使用及び収益）

民法第1032条 配偶者は、従前の用法に従い、善良な管理者の注意をもって、居住建物の使用及び収益をしなければならない。ただし、従前居住の用に供していなかった部分について、これを居住の用に供することを妨げない。

2　配偶者居住権は、譲渡することができない。

3　配偶者は、居住建物の所有者の承諾を得なければ、居住建物の改築若しくは増築を

し、又は第三者に居住建物の使用若しくは収益をさせることができない。
4　配偶者が第一項又は前項の規定に違反した場合において、居住建物の所有者が相当
　の期間を定めてその是正の催告をし、その期間内に是正がされないときは、居住建物
　の所有者は、当該配偶者に対する意思表示によって配偶者居住権を消滅させることが
　できる。

Q1-19 配偶者居住権の登記

配偶者居住権権は、登記できるのでしょうか？

　登記することができます。

　居住建物の所有権者は、配偶者居住権の設定の登記を備えさせる義務を負います。

　なお、配偶者居住権は賃借権と異なり、登記をしなければ第三者に対抗できません。

　建物の引渡しを受ければ対抗できる賃借権と異なりますので、注意が必要です。

■登記例

権　利　部（乙区）		（所有権以外の権利に関する事項）	
順位番号	登記の目的	受付年月日・受付番号	権利者その他の事項
何	配偶者居住権設定	令和何年何月何日 第何号	原因　令和何年何月何日遺産分割 　　　（、「遺贈」又は「贈与」） 存続期間　配偶者居住権者の死亡 　　　時まで（「年月日から配偶者居 　　　住権者の死亡時まで」又は「年 　　　月日から何年（又は年月日から 　　　年月日まで）又は配偶者居住権 　　　者の死亡時までのうち、いずれ 　　　か短い期間」） 特約　第三者に居住建物の使用又 　　　は収益をさせることができる 配偶者居住権者　何市何町何番地 甲　其

参照条文
（配偶者居住権の登記等）
民法第1031条　居住建物の所有者は、配偶者（配偶者居住権を取得した配偶者に限る。以下この節において同じ。）に対し、配偶者居住権の設定の登記を備えさせる義務を負う。
2　第605条の規定は配偶者居住権について、第605条の4の規定は配偶者居住権の設定の登記を備えた場合について準用する。

（不動産賃貸借の対抗力）
民法第605条　不動産の賃貸借は、これを登記したときは、その不動産について物権を取得した者その他の第三者に対抗することができる。

Q1-20 ─ 配偶者居住権の消滅

配偶者居住権は、どのようなときに消滅しますか？
また、消滅後はどのような手続をすることになりますか？

　配偶者居住権は、以下に該当した場合に消滅します。

　なお、配偶者が当該建物を取得した場合（⑦）であっても、他の者が共有持分を有する場合は、配偶者居住権は消滅しません。

①　存続期間の満了

②　配偶者が死亡した場合

③　配偶者が善管注意義務を怠った建物の使用・収益を行い、是正しない場合（所有者からの意思表示によって消滅します）

④　所有者の承諾なく増改築や第三者へ使用・収益させた場合（所有者からの意思表示によって消滅します）

⑤　居住建物のすべてが滅失した場合や、その他の理由によって使用・収益することができなくなった場合

⑥配偶者と建物所有者が合意をした場合

⑦配偶者が建物の所有権を取得した場合

⑧配偶者が放棄した場合

また、配偶者居住権の消滅後は、以下の手続きが必要です。

(1)　居住建物の返還（配偶者が所有権の共有持分を有している場合を除く）

(2)　居住建物に附属させた物がある場合は、その物を収去する（相続開始後に附属させた物）。

(3)　居住建物に損傷がある場合は、その損傷を原状に復する（相続開始後に生じた損傷）。

(4)　配偶者居住権の登記の抹消

Q1-21　配偶者短期居住権

配偶者短期居住権とはどのような権利でしょうか？

　配偶者短期居住権とは、配偶者居住権を取得していない配偶者であっても、一定の要件（※1）を満たすことで、一定の期間（※2）、被相続人の遺産である建物に無償で居住ができる権利です。

　配偶者が被相続人が所有する建物に住んでいた場合において、直ちに建物から退去を強いることは負担が大きいため、一定期間の居住環境を確保することを目的としています。

　なお、配偶者短期居住権については「使用」のみ認められ、配偶者居住権とは異なり「収益」はできません。

　また、第三者への対抗力もありません。

（※1）一定要件
　　1．配偶者が居住している対象建物が被相続人の遺産に属すること
　　2．相続開始時において、配偶者が対象建物に無償で居住していること
（※2）一定期間
　　①　対象建物について遺産分割協議をする場合……遺産分割によって建物の所有者が確定した日または相続開始の時から6か月を経過する日のいずれか遅い日まで

② ①以外の場合……建物を取得した者から「配偶者短期居住権の消滅の申入れ」があった日から6か月を経過する日まで

参照条文

（配偶者短期居住権）

民法第1037条　配偶者は、被相続人の財産に属した建物に相続開始の時に無償で居住していた場合には、次の各号に掲げる区分に応じてそれぞれ当該各号に定める日までの間、その居住していた建物（以下この節において「居住建物」という。）の所有権を相続又は遺贈により取得した者（以下この節において「居住建物取得者」という。）に対し、居住建物について無償で使用する権利（居住建物の一部のみを無償で使用していた場合にあっては、その部分について無償で使用する権利。以下この節において「配偶者短期居住権」という。）を有する。ただし、配偶者が、相続開始の時において居住建物に係る配偶者短期居住権を取得したとき、又は第891条の規定に該当し若しくは廃除によってその相続権を失ったときは、この限りでない。

一　居住建物について配偶者を含む共同相続人間で遺産の分割をすべき場合　遺産の分割により居住建物の帰属が確定した日又は相続開始の時から6箇月を経過する日のいずれか遅い日

二　前号に掲げる場合以外の場合　第3項の申入れの日から6箇月を経過する日

2　前項本文の場合においては、居住建物取得者は、第三者に対する居住建物の譲渡その他の方法により配偶者の居住建物の使用を妨げてはならない。

3　居住建物取得者は、第1項第一号に掲げる場合を除くほか、いつでも配偶者短期居住権の消滅の申入れをすることができる。

Q1-22　配偶者短期居住権の消滅

配偶者短期居住権は、どのようなときに消滅しますか？

配偶者短期居住権は、以下に該当した場合に消滅します。

① 一定期間が経過した場合（**Q1-21**（※2）をご参照ください）

② 善良な管理者の注意義務をもって使用しなかった場合、第三者に無断で使用させた場合に、居住建物取得者から当該配偶者に対して配偶者短期居住権を消滅させる意思表示がされたとき。

③ 配偶者が配偶者居住権を取得した場合

④ 配偶者が死亡した場合

⑤ 居住建物のすべてが滅失して使用できなくなった場合

Q1-23 配偶者居住権と配偶者短期居住権の違い

配偶者居住権と配偶者短期居住権の違いは何でしょうか？

「配偶者居住権」と「配偶者短期居住権」の主な違いは、以下の表のとおりです。

	配偶者居住権	配偶者短期居住権
取得要件	配偶者が被相続人の遺産である建物に相続開始時に居住していた場合（第三者と共有している場合を除く）に限り、以下のいずれかの方法で取得。 ① 遺産分割で取得する方法 ② 遺贈・死因贈与により取得する方法 ③ 家庭裁判所の審判により取得する方法	以下の要件を満たしていれば、自動的に権利を有する。 １．配偶者が居住している対象建物が被相続人の遺産に属すること ２．相続開始時において、配偶者が対象建物に無償で居住していること
期間	原則、配偶者の死亡のときまで。ただし、遺産分割協議や遺言に別段の定めがあるとき又は家庭裁判所が遺産分割の審判において別段の定めをしたときは、その期間。	１．対象建物について遺産分割協議をする場合……遺産分割によって建物の所有者が確定した日または相続開始の時から６か月を経過する日のいずれか遅い日まで。 ２．１．以外の場合……建物を取得した者から「配偶者短期居住権の消滅の申入れ」があった日から６か月を経過する日まで。
効果	建物の使用・収益が可能	使用のみ可能（×収益）
登記の可否	可	不可
第三者対抗要件	登記をすることで第三者に対抗できる。	第三者に対抗できない。

6 遺留分・遺留分侵害額請求権

Q1-24 ── 遺留分・遺留分侵害額請求権

遺留分とは何ですか？また、遺留分侵害額請求権とはどのような権利ですか？

遺留分とは、被相続人の財産を相続するにあたって、一定の法定相続人に法律上、最低限保障されている遺産の割合のことです。

ただし、兄弟姉妹（その代襲相続人を含む）が相続人になる場合は、遺留分を主張することはできません（遺留分がありません）。

この理由としては、遺留分の制度は、残された相続人の生活の保障であり、一般的に、兄弟姉妹と被相続人が同居している（生計を一にしている）ケースが少ないことなどがあげられます。

また、遺留分侵害額請求権とは、遺留分を有する相続人（以下、「遺留分権利者」という）から、遺留分を侵害した相続人や受遺者などに対して、遺留分の侵害額相当の金銭の支払いを請求できる権利です。

遺留分の侵害が生じる場合とは、遺留分権利者がいるにもかかわらず、遺言によって遺産のすべてが第三者に遺贈されてしまったケースなどが該当します。

なお、相続法改正前の遺留分減殺請求権は、「目的物の返還請求権（物権的返還請求権）」として取り扱われていましたが、不動産などを含むすべての遺産が共有状態となってしまうため、実務上、遺留分の問題を処理するにあたって、遺留分権利者と受遺者側の双方にとって過度な負担がかかることがあり、問題視されていました。

この点、相続法改正後の遺留分侵害額請求権は、「目的物の返還請求権」ではなく、「金銭の支払請求権」であることが明確になりましたので、こ

れまでのように不動産が共有状態になることはなく、遺留分侵害額相当の
金銭を支払うことで処理できることになりました。

参照条文
（遺留分侵害額の請求）
民法第1046条　遺留分権利者及びその承継人は、受遺者（特定財産承継遺言により
　財産を承継し又は相続分の指定を受けた相続人を含む。以下この章において同じ。）
　又は受贈者に対し、遺留分侵害額に相当する金銭の支払を請求することができる。
2　（省略）

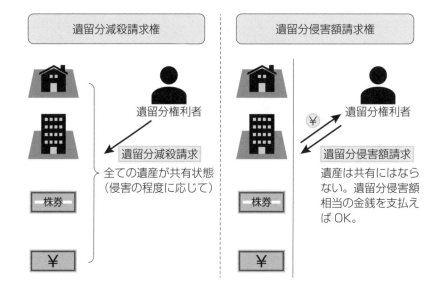

Q1-25 ── 遺留分の算定

遺留分は、どのように算定するのでしょうか？

遺留分は、次の2つのステップで計算します。

ステップ１　「遺留分を算定するための財産の価額」の算出

　被相続人が相続開始時において有した財産の価額に、生前贈与した財産の価額を加え、債務の全額を控除した額を算出します。

$$\boxed{\begin{array}{c}\text{被相続人の相続開始時}\\\text{に有していた財産}\end{array}} + \boxed{\begin{array}{c}\text{生前贈与}\\\text{した財産※}\end{array}} - \boxed{(\text{相続債務})} = (\text{A})$$

（※）相続人以外の者への贈与については、相続開始前の1年間に行ったものがすべて対象となり、被相続人と受贈者の双方が遺留分権利者に損害を加えることを知って行った贈与は、1年以上前であっても「生前贈与した財産」として組み込みます。

（※）相続人に対する贈与（特別受益に該当するもの）については、特段の事情のない限り相続開始前の10年間に行ったものが対象となり、被相続人と受贈者の双方が遺留分権利者に損害を加えることを知って行った場合は、10年以上前であっても「生前贈与した財産」として組み込みます。

（※）持戻し免除の意思表示がされた生前贈与（特別受益に該当するもの）についても組み込みます。

参照条文
（遺留分を算定するための財産の価額）
民法第1043条　遺留分を算定するための財産の価額は、被相続人が相続開始の時において有した財産の価額にその贈与した財産の価額を加えた額から債務の全額を控除した額とする。

2　条件付きの権利又は存続期間の不確定な権利は、家庭裁判所が選任した鑑定人の評価に従って、その価格を定める。

民法第1044条　贈与は、相続開始前の1年間にしたものに限り、前条の規定によりその価額を算入する。当事者双方が遺留分権利者に損害を加えることを知って贈与をしたときは、1年前の日より前にしたものについても、同様とする。

2　第904条の規定は、前項に規定する贈与の価額について準用する。

3　相続人に対する贈与についての第1項の規定の適用については、同項中「1年」とあるのは「10年」と、「価額」とあるのは「価額（婚姻若しくは養子縁組のため又は生計の資本として受けた贈与の価額に限る。）」とする。

ステップ２　「遺留分を算定するための財産の価額」に遺留分割合を乗じる

　ステップ１で確定した財産の価額（A）に、遺留分割合（B）を乗じます。

　相続人が数人ある場合には、遺留分割合に各自の相続分を乗じます。

(B) 遺留分割合

　　① 直系尊属のみが相続人である場合　3分の1

　　② 前号に掲げる場合以外の場合　2分の1

具体例を挙げて算定してみます。

・相続人が配偶者と子2名（子①・子②）、相続財産が金銭1億円、第三者への生前贈与が5,000万円、相続債務が3,000万円で遺言に「第三者にすべての財産を遺贈する」と書かれているケース

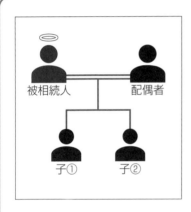

遺産等

① 金銭…1億円

② 生前贈与…5,000万円
　（※）相続人以外の第三者に対して相続開始の3か月前に行われたもの

③ 相続債務…3,000万円

①＋②－③＝1億2,000万円

遺留分

配偶者

$1億2,000万円 \times \dfrac{1}{4} = 3,000万円$

（遺留分割合）

子①・子②

$1億2,000万円 \times \dfrac{1}{8} = 各1,500万円$

ステップ1 「遺留分を算定するための財産の価額」の算出

1億円＋5,000万円－3,000万円＝1億2,000万円（A）

ステップ2 「遺留分を算定するための財産の価額」に遺留分割合を乗じる

配偶者の遺留分割合　（2分の1）×（2分の1）＝4分の1（B）

➡ A（1億2,000万円）×B（4分の1）＝3,000万円（遺留分）

子①および子②の遺留分割合　（2分の1）×（4分の1）＝8分の1（B）

➡ A（1億2,000万円）×B（8分の1）＝各1,500万円（遺留分）

参照条文
（遺留分の帰属及びその割合）
民法第1042条　兄弟姉妹以外の相続人は、遺留分として、次条第1項に規定する遺留分を算定するための財産の価額に、次の各号に掲げる区分に応じてそれぞれ当該各号に定める割合を乗じた額を受ける。
一　直系尊属のみが相続人である場合　3分の1
二　前号に掲げる場合以外の場合　2分の1
2　相続人が数人ある場合には、前項各号に定める割合は、これらに第900条及び第901条の規定により算定したその各自の相続分を乗じた割合とする。

Q1-26 生前贈与の遺留分算定への組み込み

相続人への生前贈与は、何年前のものまで遺留分の算定に組み込まれますか？

遺留分算定に組み込まれる相続人への生前贈与は、特別受益に該当する「10年前」までのものに限定されます（**Q1-25**の参照条文（民法第1044条）をご確認ください）。

ただし、相続法改正前（2019年6月30日まで）に発生した相続につい

ては、10 年以上前であっても、遺留分の算定に組み込む必要があります。

（※）特別受益に該当しない贈与については、相続の直前に行われたものであって
　　 も遺留分の算定に組み込まれません。

Q1-27　遺留分侵害額請求権の行使

遺留分侵害額請求権は、どのように行使したらよいのでしょうか？

　遺留分侵害額請求権は、単独の意思表示のみによって効果が生じる「形成権」であるため、口頭でも行使することができます（裁判上で行使する必要はありません）。

　ただし、実務上は、証拠をしっかり残すため「内容証明郵便」などを送付して行使するケースが多いです。

　なお、遺留分侵害額請求権の行使については、原則、以下のルールに従う必要があります。

①　相続の開始及び遺留分を侵害する贈与または遺贈があったことを
　　知ったときから 1 年以内に行使する（相続開始から 10 年を経過する
　　と行使できなくなります）。

②　遺言による受遺者と贈与による受贈者がいる場合、先に受遺者に対
　　して行使する。

③　受遺者が複数いる場合、目的物の価額割合に応じて按分する。

④　贈与による受贈者が複数いる場合、相続開始時に近い日付の贈与か
　　ら順番に行使する。

Q1-28 遺留分の生前放棄

遺留分は、生前に放棄することはできるのでしょうか？

　相続対策の中で、遺留分制度がネックになることは多く、実際に、「生前に遺留分の放棄はできますか？」という質問は、多く寄せられます。

　結論から言えば、生前の遺留分の放棄は可能ですが、相続の開始後と比べて手続きが大きく異なるため注意が必要です。

◆相続の開始前に遺留分を放棄する方法

　生前に遺留分を放棄するためには「家庭裁判所の許可」が必要です【資料14】。

　家庭裁判所の許可が必要とされている理由は、本人が生きている間に、遺留分権利者に対して本人や他の推定相続人が不当な圧力をかけ、遺留分を請求する権利を強制的に奪うことを防止するためです。

　なお、遺留分の放棄は無制限に認められるわけではなく、仮に、本人と遺留分権利者が合意をしている場合であっても、以下の要件をすべて満たさない限り、家庭裁判所の許可はおりません。

① 遺留分権利者の自由な意思に基づいて行われていること
② 遺留分の放棄について合理性・必要性が認められること
　　例：自宅購入の際に多額の贈与を受けていて、現在収入も安定している。
　　　　他の相続人との平等性も考慮して、遺産を取得する意思がない。
③ 遺留分権利者に対して代償があること（放棄の代償性の有無）
　　例：生前に経済援助や多額の贈与を受けている。

◆相続の開始後に遺留分を放棄する方法

　相続の開始後の遺留分の放棄は、許可などは不要です。

よって、任意に放棄の意思表示を行うことで、遺留分の放棄が可能です。

　また、遺留分侵害額請求権を相続の開始および遺留分を侵害する贈与または遺贈があったことを知った時から1年間行使しないときや、遺産を一切受け取らない内容の遺産分割協議書が成立した場合も、遺留分を放棄したことと同視できます。

■【資料14】家事審判申立書（遺留分放棄の許可）

https://www.courts.go.jp/vc-files/courts/file2/2019_iryuubunhouki_r.pdf

<table>
<tr><td rowspan="2">受付印</td><td colspan="2">家事審判申立書　事件名（　遺留分放棄の許可　）</td></tr>
<tr><td colspan="2">（この欄に申立手数料として1件について800円分の収入印紙を貼ってください。）

印　紙

（貼った印紙に押印しないでください。）
（注意）登記手数料としての収入印紙を納付する場合は、登記手数料としての収入印紙は貼らずにそのまま提出してください。</td></tr>
</table>

収入印紙	円
予納郵便切手	円
予納収入印紙	円

準口頭	関連事件番号　平成・令和　　　年（家　　　）第　　　　　　　　号

○　○　家庭裁判所 御中 令和　○　年　○　月　○　日	申　立　人 （又は法定代理人など） の　記　名　押　印	甲　野　杉　男　㊞

添付書類	※　標準的な申立添付書類については、裁判所ウェブサイトの「手続の概要と申立ての方法」のページ内の「申立てに必要な書類」欄を御覧ください。

申立人

本籍 （国籍）	（戸籍の添付が必要とされていない申立ての場合は、記入する必要はありません。） ○○　都道 府県　○○市○○町○丁目○番地
住所	〒○○○－○○○○　　　　電話　○○○（○○○）○○○○ ○○県○○市○○町○丁目○番○号 （　　　　　　　　　方）
連絡先	〒　　－　　　　　　　　　電話　　（　　　） （注：住所で確実に連絡ができるときは記入しないでください。） （　　　　　　　　　方）
フリガナ 氏名	コウノ　スギオ 甲　野　杉　男	昭和 平成　○　年　○　月　○　日生 令和 （　○○　歳）
職業	会社員

被相続人（※）

本籍 （国籍）	（戸籍の添付が必要とされていない申立ての場合は、記入する必要はありません。） ○○　都道 府県　○○市○○町○丁目○番地
住所	〒○○○－○○○○　　　　電話　　（　　　） ○○県○○市○○町○丁目○番○号 （　　　　　　　　　方）
連絡先	〒　　－　　　　　　　　　電話　　（　　　） （　　　　　　　　　方）
フリガナ 氏名	コウノ　タロウ 甲　野　太　郎	昭和 平成　○　年　○　月　○　日生 令和 （　○○　歳）
職業	無職

（注）　太枠の中だけ記入してください。
※の部分は、申立人、法定代理人、成年被後見人となるべき者、不在者、共同相続人、被相続人等の区別を記入してください。

別表第一（1/2）

79

申　立　て　の　趣　旨

被相続人甲野太郎の相続財産に対する遺留分を放棄することを許可する旨の審判を求めます。

申　立　て　の　理　由

1　申立人は，被相続人の長男です。

2　申立人は，以前，自宅を購入するに際し，被相続人から多額の資金援助をしてもらいました。

また，会社員として稼働しており，相当の収入があり，生活は安定しています。

3　このような事情から，申立人は，被相続人の遺産を相続する意思がなく，相続開始前において

遺留分を放棄したいと考えますので，申立ての趣旨のとおりの審判を求めます。

財　産　目　録

【土　地】

番号	所　　在	地　番	地　目	地　積	備　考
1	○○市○○町○丁目	番 ○　○	宅地	平方メートル 150　00	建物1の敷地

財　産　目　録

【建　物】

番号	所　　在	家屋 番号	種類	構造	床面積	備考
1	○○市○○町○丁目○番地	○番 ○	居宅	木造瓦葺平家建	平方メートル 90　00	土地1上の建物

財　産　目　録

【現金，預・貯金，株式等】

番号	品　　目	単　位	数　量（金額）	備　考
1	預貯金		約2570万円	

7 特別受益・特別受益の持ち戻し

Q1-29 特別受益

特別受益とは何ですか？

特別受益とは、相続人のうち特定の者が、被相続人から受けた遺贈または婚姻や養子縁組、もしくは生計の資本のために受けた贈与のことです。

生計の資本のための贈与とは、例えば、居住用の家を買ってもらった場合、大学の入学金を払ってもらった場合、独立開業する際に資金援助をしてもらった場合などが該当します。

特別受益がある場合は、被相続人が相続開始のときにおいて有していた財産の価額に当該特別受益の価額を加えたものを相続財産とみなします。また、特別受益を受けた相続人については、相続分の中から自身の特別受益を控除した残額が相続分になります。

つまり、独立開業のための資産を生前贈与されている場合、その資金については、遺産の前渡しのように取扱われます。

なお、相続人全員が合意をすれば、特別受益を考慮しない遺産分割も可能です。

Q1-30 特別受益の持ち戻し免除

特別受益の持ち戻しの免除とは何ですか？

特別受益の持ち戻しの免除とは、被相続人の意思表示により、本来、相続財産として加えるべき特別受益を組み入れずに相続財産を計算すること

です。

　持ち戻しの免除の意思表示は、通常、贈与契約書や遺言などに記載します。

　以下のモデルケースで、特別受益の持ち戻しの免除がある場合と無い場合の取扱いを確認しましょう。

　なお、仮に持ち戻しの免除があった場合でも、遺留分の算出にあたっては、当該特別受益も遺留分算定の基礎財産に加えます（詳細については、6　遺留分・遺留分侵害額請求権 **Q1-25** をご参照ください）。

【モデルケース】

　配偶者・子２名のケースにおいて、持ち戻しの免除がある場合とない場合の法定相続分は、以下のとおりです。

遺産等

金銭　　3,000 万円

特別受益　1,000 万円
※配偶者への生前贈与

持ち戻しありのケース	持ち戻し免除のケース
配偶者　1,000 万円	配偶者　1,500 万円
子①・子②　各 1,000 万円	子①・子②　各 750 万円

持ち戻しの意思表示をしなくても持ち戻しの免除がされるケース

　相続法改正により、配偶者相続人に特別受益があった場合、以下の要件を満たすことで、「持ち戻し免除の意思表示」があったと推定されます。

　１．婚姻期間が 20 年以上の夫婦のうち、一方が被相続人となり他方の
　　　配偶者に対して遺贈または贈与をした場合

　２．1 の遺贈または贈与が、居住の用に供する建物またはその敷地を対
　　　象としているとき

参照条文
（特別受益者の相続分）

民法第 903 条　共同相続人中に、被相続人から、遺贈を受け、又は婚姻若しくは養子縁組のため若しくは生計の資本として贈与を受けた者があるときは、被相続人が相続開始の時において有した財産の価額にその贈与の価額を加えたものを相続財産とみなし、第 900 条から第 902 条までの規定により算定した相続分の中からその遺贈又は贈与の価額を控除した残額をもってその者の相続分とする。

2　遺贈又は贈与の価額が、相続分の価額に等しく、又はこれを超えるときは、受遺者又は受贈者は、その相続分を受けることができない。

3　被相続人が前 2 項の規定と異なった意思を表示したときは、その意思に従う。

4　婚姻期間が 20 年以上の夫婦の一方である被相続人が、他の一方に対し、その居住の用に供する建物又はその敷地について遺贈又は贈与をしたときは、当該被相続人は、その遺贈又は贈与について第 1 項の規定を適用しない旨の意思を表示したものと推定する。

Q1-31 — 生命保険金

　生命保険金は、特別受益に該当するのでしょうか？

　生命保険金については、保険契約に基づき受取人が直接取得するものであり、民法の特別受益に規定される「被相続人からの贈与」ではないため、原則、特別受益に該当しません。

　しかし、判例は「保険金受取人である相続人とその他の共同相続人との間に生ずる不公平が民法 903 条の趣旨に照らし到底是認することができないほどに著しいものであると評価すべき特段の事情が存する場合には、同

条の類推適用により、当該死亡保険金請求権は特別受益に準じて持ち戻しの対象となると解するのが相当である。」（最判平成16年10月29日）と判示しており、"共同相続人の間に生ずる不公平が到底是認できないほど著しい場合"は、特別受益に準じて持ち戻さなければならない可能性があります。

8 　葬儀費用の取扱い

Q1-32 ― 葬儀費用

葬儀費用は、民法上の相続債務に該当するのでしょうか?

　葬儀費用については、相続開始後に生じるものであるため、民法上の相続財産（債務）には該当しません。

　よって、相続財産から当然に支払うことができるわけではありません。

　なお、地域や慣習等で異なる場合もありますが、葬儀費用は「喪主」が負担するという説が有力であり、一般的に喪主が支払い、必要に応じて、後日清算するケースが多いようです。

Q1-33 ― 葬儀費用の負担

葬儀費用の負担については、遺産分割協議書に記載するべきでしょうか?

　葬儀費用については、相続財産（債務）ではないため、遺産分割協議書に「葬儀費用の負担に関する事項」を記載するかは任意です。

　ただし、例えば、遺産分割協議書において「遺産から債務及び葬儀費用を控除したものを、法定相続割合で取得する」と記載した場合、当該合意は相続人の間では有効であるため、後日の金銭トラブルを予防するために記載するケースもあります。

Q1-34 相続人への負担の請求

特定の相続人が葬儀費用を負担した場合、他の相続人に一部の負担を求めることはできますか？

葬儀費用の負担者については、法律上の規定が無いため、死後事務委任契約や遺言で定められている場合を除き決まっていません。

一般的に、喪主が負担するケースが多いですが、喪主が全額負担した場合であっても、他の相続人に対して当然に請求できるわけではありません。

ただし、相続人の間で別途合意することは可能であるため、後々トラブルになる可能性がある場合は、**Q1-33** のように遺産分割協議の内容として記載し、有効な合意文書として残しておくと良いでしょう。

Q1-35 葬儀費用の相続財産からの支払い

葬儀費用を相続財産から支払ってしまった場合、相続放棄はできないのでしょうか？

葬儀費用の支払いのみであれば、相続放棄できる可能性はあります（詳細については、第3章2　相続放棄の **Q3-21** をご参照ください）。

9　相続と契約

Q1-36 — 被相続人の「契約者の地位」

被相続人の「契約者（債権者・債務者）の地位」は、相続人に相続されますか？

どちらも相続されます。

被相続人が、生前に締結した契約者の地位は、相続人に相続されます（委任契約における受任者の地位などの一身専属権を除きます）。

よって、被相続人が、生前にお金を貸したり、借りる契約を締結していた場合、相続人はその地位を相続することになります。

Q1-37 — 被相続人の連帯保証

被相続人が連帯保証人になっていた場合、その地位は相続人に承継されますか？

被相続人が、生前に第三者の「連帯保証人」になっていた場合、相続人は、連帯保証人の地位を相続することになります。

連帯保証人の地位を相続した場合、相続が発生した段階では借金の返済をしていなくても、将来、主債務者が返済できなくなった場合は、代わりに返済をしなければなりません。

そのため、プラスの遺産が多くあったとしても、被相続人が多額の借金の連帯保証人になっている場合は、主債務者の返済状況や返済能力次第では相続放棄を検討した方が良いケースもあります。

また、被相続人が会社の代表者だった場合、会社の銀行借入などについて、代表者が個人で連帯保証をしているケースが多いため、注意が必要です。

Q1-38 — 被相続人への借金返済の督促

相続手続きを何もしていないケースにおいて、被相続人宛に借金の返済の督促などがきた場合、どのような対応をするべきですか？

疎遠にしていた親族の相続発生後、ある日突然、債権者から督促状が届くケースがあります。

この場合、「実際に相続財産として債務があることを知った時期」やその理由によって、相続放棄ができるケースがありますので、早めに司法書士や弁護士に相談をしたほうが良いでしょう（詳細については、第3章2相続放棄 **Q3-15** をご参照ください）。

Q1-39 — 死亡退職金・小規模企業共済の共済金・生命保険金

「死亡退職金」・「小規模企業共済の共済金」・「生命保険金」は相続財産ですか？

死亡退職金、小規模企業共済の共済金、生命保険金などが相続財産に該当するかについて、以下に整理します。

① 会社の死亡退職金

死亡退職金が相続財産に含まれるかについては、会社の社内規程（退職金支給規程など）により、以下のとおり分類できます。

（社内規程の内容）

➡社内規程により受取人が設定されている……相続財産ではない

➡社内規程がない……相続財産

➡社内規程があり、受取人が相続人となっている……相続財産ではない

②　小規模企業共済

小規模企業共済の共済金は、相続財産ではありません。

小規模企業共済については、相続が発生した場合の共済金の帰属先は、民法上の相続の一般原則とは異なり、「小規模企業共済法」の規定によって決定されます。

なお、小規模企業共済の共済金は、民法上の相続財産ではありませんが、税法上のみなし相続財産に該当します。

◎共済契約者の死亡に伴う受給権者の範囲および順位

共済契約者が死亡したことにより支給される共済金を請求できる者の範囲および順位は、次表に掲げる最も上位の者となります。

なお、受給権者が存在しない場合は、共済金が支給されません。

受給権順位	続柄	備考
第1順位者	配偶者	内縁関係者も含む（戸籍上の届出はしてないが、事実上婚姻と同様の事情にあった者）。
第2順位者	子	共済契約者が亡くなった当時、主として共済契約者の収入によって生計を維持していた者。
第3順位者	父母	
第4順位者	孫	
第5順位者	祖父母	
第6順位者	兄弟姉妹	
第7順位者	そのほかの親族	
第8順位者	子	共済契約者が亡くなった当時、主として共済契約者の収入によって生計を維持していなかった者。
第9順位者	父母	
第10順位者	孫	

第 11 順位者	祖父母
第 12 順位者	兄弟姉妹
第 13 順位者	曾孫
第 14 順位者	甥・姪

③　生命保険金

生命保険金は、相続財産ではありません。

ただし、保険金の受取人の指定が無く、契約上からも受取人が判明しない場合は、相続財産になる可能性があります。

④　遺族年金

遺族年金は、遺族が自身の権利として取得するため、相続財産ではありません。

⑤　役所から支給される埋葬料

埋葬料は、役所から遺族に対して支給される金銭であるため、相続財産ではありません。

⑥　相続発生後の家賃収入

相続発生後の家賃収入は、相続財産ではありません。

なお、家賃収入については注意点があります。

それは、遺産分割協議で特定の相続人が家賃収入のある不動産を取得した場合であっても、相続発生から遺産分割協議成立までの家賃については、当然に取得できないということです。

遺産の不動産から発生した家賃収入については、遺産分割協議が成立するまでは、法定相続分に応じて相続人に帰属することになります（詳細については、第3章4　遺産分割協議 **Q3-44** をご参照ください）。

第 **2** 章

....

相続開始前の法務と手続き

1 遺言

Q2-1 遺言の種類

遺言には、どのような種類がありますか?

遺言の種類は、以下のとおり分類することができます。

【普通の方式】

① 自筆証書遺言

② 公正証書遺言

③ 秘密証書遺言

【特別の方式】

① 死亡の危急に迫った者の遺言

② 伝染病隔離者の遺言

③ 在船者の遺言

④ 船舶遭難者の遺言

【普通の方式】①の「自筆証書遺言」は、全文(財産目録を除く)、日付及び氏名を自書して押印をする必要があります。

公証役場などが関与する必要が無く、紙とペンと印鑑(認印可)があれば作成することができるので経済的ですが、日付などの記載漏れがある場合や、署名がなされていない場合、遺言が無効になるため注意が必要です。

なお、自筆証書遺言については、これまで遺言者本人が自宅などで保管しているケースが多く、紛失や不利益が生じる相続人による破棄などのリスクがありましたが、令和2年7月10日より開始された「法務局における自筆証書遺言書保管制度」を利用することで、法務局で原本を保管して

もらえることになりました（詳細は **Q2-2** をご参照ください）。

【普通の方式】②の「公正証書遺言」は、公証役場で公証人と証人２名の立会いのもと、作成する遺言です。

公証人が遺言者の意思を確認するため、後日、裁判などで取り消されるリスクも低く、また、遺言書の原本が公証役場で保管されるため紛失のリスクもありません。

公証役場への手数料や専門家への報酬などはかかりますが、費用対効果が高いため、実務上利用されることの多い遺言です。

【普通の方式】③の「秘密証書遺言」および【特別の方式】の各遺言については、比較的取扱いの少ない遺言であり、実務上、対応をするシーンはあまりないと思われますので、説明を割愛します。

実際に業務で対応することになった場合は、司法書士や弁護士にサポートを受けてください。

Q2-2 遺言書保管制度

自筆証書遺言に係る遺言書の保管制度とは、どのような制度ですか？

令和２年７月10日より、法務局における自筆証書遺言書保管制度（以下、「遺言書保管制度」という）が開始されました。

この制度を利用することにより、これまで自宅や貸金庫などで保管をしていた自筆証書遺言について、遺言書保管制度を取り扱っている法務局で保管してもらえるようになりました。

また、これまで、自筆証書遺言を作成した場合、相続開始後に家庭裁判所による「検認手続き」をする必要がありましたが、遺言書保管制度を利

用した自筆証書遺言については、検認の手続きをすることなく、金融機関の相続手続きや相続登記に使用することができます。

Q2-3 遺言書保管制度利用の流れ

遺言書保管制度を利用する場合、どのような流れになりますか？

遺言書保管制度を利用する場合の一般的な流れは、以下のとおりです（詳細については、【資料 15】をご参照ください）。

① 遺言書を作成する
通常の自筆証書遺言と同様、全文（財産目録を除く）を自署し、署名と押印が必要です（詳細については、【資料 16】をご参照ください）。

↓

② 遺言書の保管所を決定する
遺言者の住所地、本籍地、遺言者が所有している不動産の所在地のいずれかを管轄する法務局が、遺言保管所になります（既に遺言を預けている場合は、その遺言保管所がその後も遺言保管所になります）。

↓

③ 申請書を作成する

↓

④ 保管申請の予約をする

↓

⑤ 保管の申請をする

↓

⑥ 保管証を受け取る。

　遺言書保管制度に関する手数料は、以下のとおりです。

【遺言書保管制度の手数料】

申請・請求の種別	申請・請求者	手数料
遺言書の保管の申請	遺言者	一件につき、3,900円
遺言書の閲覧の請求（モニター）	遺言者 関係相続人等	一回につき、1,400円
遺言書の閲覧の請求（原本）	遺言者 関係相続人等	一回につき、1,700円
遺言書情報証明書の交付請求	関係相続人等	一通につき、1,400円
遺言書保管事実証明書の交付請求	関係相続人等	一通につき、800円
申請書等・撤回書等の閲覧の請求	遺言者 関係相続人等	一の申請に関する申請書等又は一の撤回に関する撤回書等につき、1,700円

（※）遺言書の保管の申請の撤回および変更の届出については、手数料はかかりません。

遺言者が遺言書を預ける（遺言書の保管の申請）

保管の申請の流れ

1 自筆証書遺言に係る遺言書を作成する

注意事項をよく確認しながら，遺言書を作成してください。

2 保管の申請をする遺言書保管所を決める

🔍 **保管の申請ができる遺言書保管所**

遺言者の住所地
遺言者の本籍地　　　　　　　　　　　} のいずれかを管轄する遺言書保管所
遺言者が所有する不動産の所在地

ただし，既に他の遺言書を遺言書保管所に預けている場合には，その遺言書保管所になります。

3 申請書を作成する

申請書に必要事項を記入してください。
申請書の様式は，法務省 HP（http://www.moj.go.jp/MINJI/minji03_00051.html）から
ダウンロードできます。また，法務局（遺言書保管所）窓口にも備え付けられています。

4 保管の申請の予約をする

5 保管の申請をする

次の⑦から⑨までのものを持参して，予約した日時に遺言者本人が，遺言書保管所にお越しください。

☐ **⑦遺言書**
ホッチキス止めはしないでください。封筒は不要です。

☐ **⑦申請書**
あらかじめ記入して持参してください。

☐ **⑦添付書類**
本籍の記載のある住民票の写し等（作成後 3 か月以内）
※遺言書が外国語により記載されているときは，日本語による翻訳文

☐ **⑦本人確認書類**（有効期限内のものをいずれか 1 点）
マイナンバーカード　運転免許証　運転経歴証明書　旅券　乗員手帳
在留カード　特別永住者証明書

☐ **⑦手数料**
遺言書の保管の申請の手数料は，1 通につき **3,900円**です（必要な収入印紙を手数料
納付用紙に貼ってください）。
※一度保管した遺言書は，保管の申請の撤回をしない限り返却されません。

6 保管証を受け取る

交付される保管証のイメージ画像 →

手続終了後，遺言者の氏名，出生の年月日，遺言書保管所の名称及び
保管番号が記載された保管証をお渡しします。

遺言書の閲覧，保管の申請の撤回，変更の届出をするときや，相続人等
が遺言書情報証明書の交付の請求等をするときに，保管番号があると便利
ですので，大切に保管してください。

遺言書を法務局（遺言書保管所）に預けていることをご家族にお伝え
になる場合には，保管証を利用されると便利です。

■ 【資料 16】遺言書の様式の注意事項

http://www.moj.go.jp/content/001318459.pdf

🔍 遺言書の様式の注意事項

以下は，本制度で預かる遺言書の形式面での注意事項です。
遺言書保管所においては，遺言の内容についての審査はしません。

x

（自書によらない財産目録の例）

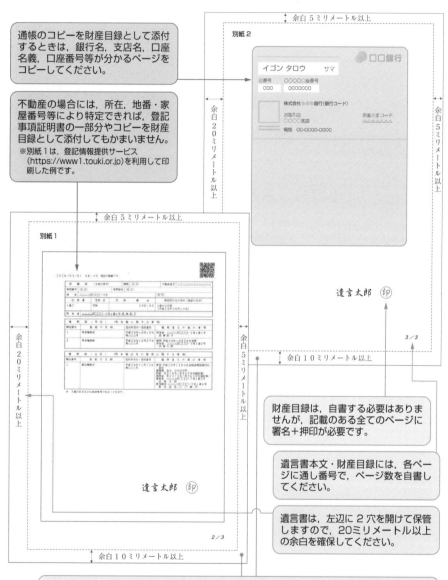

通帳のコピーを財産目録として添付するときは，銀行名，支店名，口座名義，口座番号等が分かるページをコピーしてください。

不動産の場合には，所在，地番・家屋番号等により特定できれば，登記事項証明書の一部分やコピーを財産目録として添付してもかまいません。

※別紙１は，登記情報提供サービス（https://www1.touki.or.jp)を利用して印刷した例です。

余白５ミリメートル以上

別紙２

余白２０ミリメートル以上

余白５ミリメートル以上

余白５ミリメートル以上

別紙１

余白２０ミリメートル以上

余白５ミリメートル以上

余白１０ミリメートル以上

財産目録は，自書する必要はありませんが，記載のある全てのページに署名＋押印が必要です。

遺言書本文・財産目録には，各ページに通し番号で，ページ数を自書してください。

遺言書は，左辺に２穴を開けて保管しますので，20ミリメートル以上の余白を確保してください。

余白１０ミリメートル以上

用紙は，Ａ４サイズで，文字の判読を妨げるような地紋，彩色等のないものを使ってください。
長期間保存しますので，財産目録としてコピー等を添付する場合には，感熱紙等は使用せず，印字が薄い場合には，印刷・コピーをやり直してください。
ページ数の記載や変更の記載を含めて，余白部分には何も記載しないでください。
裏面には何も記載しないでください。

98

Q2-4 遺言書保管制度の利用上の注意点

遺言書保管制度の利用にあたって、注意することはありますか？

遺言書保管制度を利用した遺言については、以下の点に注意が必要です。

●有効性

遺言書保管制度では、遺言の形式面の審査は行われますが、内容についての審査は行われません。

よって、遺言として形式的な要件を満たしていても、法的に不安定または無効な遺言を作成してしまうリスクがあります。

例えば、遺言の内容を「次の不動産を長男に相続させる。」と不動産を特定して記載すべきところを、「本家を長男に引き継いでもらう。」と記載してしまった場合、希望どおりに不動産を承継させることができない可能性があります。

●法定相続人全員への通知

相続発生後、相続人のうちの1人が「遺言書情報証明書」を請求すると、遺言書が保管されている事実について、法定相続人全員に通知がされます（詳細については、第3章1　相続財産の調査 **Q3-2【資料19】**をご参照ください）。

例えば、配偶者と兄弟姉妹が相続人となるケースにおいて、「配偶者にすべての財産を相続させる」という遺言を書いていた場合、遺留分侵害額請求権を有していないとはいえ、兄弟姉妹にも遺言の存在が通知されるため、不要な争いやトラブルが生じてしまうリスクがあります。

Q2-5 ── 認知症と遺言

認知症の場合、遺言を作成することはできないのでしょうか？

　単に認知症といっても、その進行レベルは様々であり、また天候や時間帯によって症状に差が出るケースも少なくありません。

　また、そもそも認知症だからといって、すべての法律行為が制限されるわけではなく、本人が状況を把握した上で意思表示をしたのであれば、その意思表示は当然に有効です。

　よって、遺言についても、認知症という情報のみをもって「絶対に作成できない」という判断には至りません。

　ただし、認知症であることが親族の間で共通の認識となっている場合は、後日のトラブルを防止するため、できれば公正証書など第三者が関与する形で遺言を作成した方が望ましいと言えます。

　公正証書遺言を作成することが難しい場合は、客観的な証明を残すため、遺言を書いている状況を録画撮影したり、「医師の診断書」などを取得すると良いでしょう。

参照条文
（遺言能力）
民法第 963 条　遺言者は、遺言をする時においてその能力を有しなければならない。

Q2-6 ── 成年被後見人の遺言

成年被後見人は、遺言の作成はできないのでしょうか？

　成年被後見人であっても、法律上、判断能力が回復していて、医師 2 人以上の立会いがあれば遺言書の作成ができます。ただし、遺言に立ち会った医師は、「遺言者が遺言をする時において精神上の障害により事理を弁

識する能力を欠く状態になかった旨」を遺言書に記載して、署名と押印を
する必要があります。

　なお、法律上は可能であっても、実際には、成年被後見人の事理弁識能
力が明らかに回復しない限り、遺言を書くことは難しいといえます。

　やはり、判断能力があるうちに、遺言を書いておくことに越したことは
ありません。

参照条文
（成年被後見人の遺言）
民法 973 条　成年被後見人が事理を弁識する能力を一時回復した時において遺言をす
　るには、医師二人以上の立会いがなければならない。
2　遺言に立ち会った医師は、遺言者が遺言をする時において精神上の障害により事理
　を弁識する能力を欠く状態になかった旨を遺言書に付記して、これに署名し、印を押
　さなければならない。ただし、秘密証書による遺言にあっては、その封紙にその旨の
　記載をし、署名し、印を押さなければならない。

Q2-7　遺言と二次相続

　遺言で「二次相続が起きた場合の財産の承継先」を指定できます
か？

　できません。

　例えば、「○○の株式は、自分が亡くなったら妻に、妻が亡くなったら
甥に相続させる」といった、二次相続の財産承継先を指定する遺言は認め
られません。

　なぜなら、遺言では、自分が所有している財産以外について、承継先を
指定することはできないからです。

　つまり、本人に相続が発生して財産の所有権が本人以外に移った場合、
その財産については、財産を取得した人しか遺言で承継先を決めることが
できません。

　二次相続の承継先まで決めておきたいという場合は、家族信託の「受益

手続き

1
遺言

者連続型信託」の利用を検討しましょう（詳細については、第2章4　家族信託（民事信託）**Q2-24** の2をご参照ください）。

Q2-8 — 遺留分を侵害する遺言書

特定の相続人の遺留分を侵害する遺言書は、法的に有効ですか。

有効です。

例えば、遺言者の相続人が、配偶者と子3人の場合に「長男に全財産を相続させる」という内容の遺言も有効であり、他の相続人が遺留分侵害額請求権を行使しないのであれば、長男は全財産を取得することができます。

ただし、相続人同士のトラブルや紛争を防止するためにも、そのような内容の遺言を作成する場合は、相続人の理解が得られるように遺言の付言事項に理由や事情を書いておいた方が良いでしょう。

2　遺言執行者

Q2-9 — 遺言執行者

遺言で遺言執行者を定めておいた方がよいのでしょうか？

　遺言執行者を定めておくことで、相続発生後、相続人の同意を得ることなく、遺言執行者が単独で遺産の承継手続きを進めることができます。

　第三者への遺贈がある場合などは、相続人の協力が得られないリスクもあるため、遺言執行者を定めておいた方が良いでしょう。

　特に、遺贈の内容が特定の相続人の遺留分を侵害している場合は、当該相続人に協力を求めた段階で、手続きに協力をしてもらえないだけでなく紛争に発展してしまう可能性もあります。

　なお、遺言執行者が定められていない場合において、第三者への不動産の遺贈がある場合は、不動産の登記手続きを相続人の全員から行う必要があり、さらに相続人全員の印鑑証明書も必要になるため、注意が必要です（詳細については、第3章6　相続登記 **Q3-56** をご参照ください）。

　（※）遺言の中で「遺言執行者」が定められていない場合であっても、必要に応じて、家庭裁判所に申立てをすることで遺言執行者を選任してもらうこともできます。

Q2-10 — 遺言執行者の条件

遺言執行者には誰がなれるのでしょうか？

遺言執行者には、遺言の効力発生時点において「未成年者」または「破

産者」に該当する者以外であれば誰でもなれます。また、司法書士や弁護士などの国家資格なども一切不要です。よって、遺産のすべてを取得する受遺者や相続人のうちの1人が遺言執行者になることも可能です。

　ただし、遺言の執行にあたって法的な問題（遺留分など）が生じる場合や、相続人との直接のやり取りを避けたい場合は、司法書士や弁護士などの専門家に就任を依頼することをお勧めします。

Q2-11 — 遺言執行者の権限

遺言執行者には、どのような権限がありますか？

　遺言執行者には、遺言の内容を実現するためであれば、相続財産の管理その他遺言の執行に必要な一切の行為を行う権限があります（遺言執行者がいる場合、遺贈の履行については、遺言執行者のみが行うことができます）。

　具体的には、遺言の内容に従った遺産承継手続き（被相続人名義の預貯金・証券口座の解約、受遺者への財産交付など）や、そのために必要な財産調査をする権限などが挙げられます。また、遺言の中で、遺産である不動産を換価（現金化）するよう指示がされている場合は、不動産の売却手続きなども行うことができます。

　なお、遺言執行者が、遺言執行者であることを示して行った行為は、相続人に直接効果が生じます。

参照条文
（遺言執行者の権利義務）
民法第1012条　遺言執行者は、遺言の内容を実現するため、相続財産の管理その他遺言の執行に必要な一切の行為をする権利義務を有する。
　2　遺言執行者がある場合には、遺贈の履行は、遺言執行者のみが行うことができる。
　3　（省略）

（遺言執行者の行為の効果）
民法第1015条 遺言執行者がその権限内において遺言執行者であることを示してした行為は、相続人に対して直接にその効力を生ずる。

Q_{2-12} 遺言執行の基本的な流れ

遺言書で遺言執行者に指定されている場合、相続開始後に何をすればよいですか？

遺言執行者に指定されている場合の基本的な流れは、以下のとおりです。

遺言執行者への就任を承諾した場合

① 相続人を調査する

↓

② 相続人に対して遺言執行者に就任したことおよび遺言の内容を通知する（必要に応じて受遺者等にも通知する）。

↓

③ 相続財産を調査する。

↓

④ 財産目録を作成して相続人に交付をする。

↓

⑤ 遺言の内容に基づく遺言執行を順次行う。

↓

⑥　相続人・受遺者に対して任務の完了報告を行う。

（※）遺言が、公正証書遺言または遺言書保管制度を利用した自筆証書遺言
以外の自筆証書遺言の場合は、前提として家庭裁判所に対して遺言書
の保管者（いない場合は相続人）が、「検認手続きの申立」をする必
要があります。

参照条文
（遺言執行者の任務の開始）
民法第1007条　遺言執行者が就職を承諾したときは、直ちにその任務を行わなけれ
ばならない。
2　遺言執行者は、その任務を開始したときは、遅滞なく、遺言の内容を相続人に通知
しなければならない。

（相続財産の目録の作成）
民法第1011条　遺言執行者は、遅滞なく、相続財産の目録を作成して、相続人に交
付しなければならない。
2　（省略）

3　死因贈与契約

Q2-13 ── 死因贈与契約と遺言の違い

死因贈与契約と遺言の違いは何でしょうか？

　死因贈与契約とは、贈与者が自己の財産を相手方に贈与する意思表示をして、受贈者がこれを受諾することにより成立し、贈与の効力が「贈与者の死亡」によって生じる契約です。

　死亡によって遺贈の効力が生じる遺言と似ていますが、両者は異なる法律行為であり、その違いは以下のとおりです。

	死因贈与	遺言
成立	贈与者と受贈者の契約行為	遺言者の単独行為
方式	自由	法定の方式がある（方式を満たしていない場合、無効になるリスクがある）。
受贈（遺）者の承諾の有無	必要	不要（受遺者の関与無しで手続きが可能）
撤回	原則いつでも可能　ただし、負担付死因贈与契約の場合において、相手方が既に負担を履行している場合は、撤回不可。	いつでも可能
不動産を移転する場合の登録免許税の税率	1,000分の20 ※相続人に対しても同率 ※仮登記をする場合は、仮登記の際に1,000分の10、本登記をする際に1,000分の10を納付。	相続人への遺贈　1,000分の4 相続人以外への遺贈　1,000分の20
始期付所有権移転仮登記の可否	できる （始期：贈与者の死亡）	できない

107

Q2-14 死因贈与契約の効果

死因贈与契約は、どのようなときに効果的ですか？

死因贈与契約では、受贈者が贈与を受けるにあたって特定の負担を課すこと（以下、「負担付死因贈与契約」という）ができます。

例えば、「受贈者は、○条の贈与を受けるために、本契約成立後、贈与者が死亡するまで、贈与者と同居して、介護することを承諾する。」という内容の契約をすることもできますので、贈与者が、贈与をする見返りとして存命中の介護をしてもらいたい場合などには効果的です。

なお、遺言の場合も「負担付遺贈」として、相続人または受遺者に負担を課すことはできますが、遺言自体が単独行為であるため、事前に負担の内容が伝わっていないことで拒否されるリスクや、相続人全員で遺言とは異なる遺産分割協議を行われてしまうリスクがあります。

この点、負担付死因贈与契約は、当事者の合意のもと、契約が成立するため、遺贈よりも実行性が優れていると言えます。

また、死因贈与については、遺言のように厳格な方式は定められていないため、後日、無効となるリスクも遺言より低いと言えます。

Q2-15 不動産の死因贈与契約

不動産について死因贈与契約をした場合、贈与者の生前の処分を制限することはできますか？

不動産について死因贈与契約を締結した場合は、当該不動産について不動産登記法第105条第2号に定める「始期付所有権移転仮登記（始期：贈与者の死亡）」をすることができます（『登記研究』352号104頁・質疑応答）。

この登記を行うことで、死因贈与契約をしたことにより「贈与者の死後、所有権が受贈者に移転すること」が不動産の登記記録上に公示されるため、贈与者の生前処分を制限する効果が期待できます。

　なお、始期付所有権移転仮登記を抹消する場合は、原則、贈与者と受贈者が共同して行う必要があるため、贈与者が勝手に抹消することはできません（受贈者側からの単独抹消は認められます）。

【死因贈与契約による始期付所有権移転仮登記を申請する場合の必要書類】

① 　登記原因証明情報（死因贈与契約書）

② 　贈与者の印鑑証明書（発行から3か月以内のもの）

（※）登記識別情報通知（または登記済証）と受贈者の住民票（または戸籍の附票）は不要です。

【実務のポイント】

⇒死因贈与契約書を公正証書で作成し、死因贈与執行者を定めておく

　贈与者が死亡して死因贈与契約の効力が生じた場合、贈与対象の不動産を、受贈者名義にするためには、原則、以下の（A）または（B）の方法で「始期付所有権移転仮登記の本登記」の登記を申請することになります。

　（A）の方法は、死因贈与契約において「死因贈与執行者」が指定されていない場合であり、死因贈与による所有権移転登記の手続きを、相続人全員と共同で行う必要があります。

　一方、（B）の方法は、死因贈与執行者と受贈者のみで登記を申請することができ、相続人が関与する必要がありません。

　相続人と受贈者の関係が良好な場合は問題ないかもしれませんが、関係性が悪い場合や、相続人の中に意思能力が認められない方などがいると、スムーズに名義を変更することができないリスクがあります。

　相続開始後、スムーズに名義の変更ができるようにするためにも、できるだけ死因贈与執行者を契約書で定めておいた方が良いでしょう。

なお、死因贈与執行者を定めた死因贈与契約については、契約書を「公正証書」で作成する形が望ましいですが、それが難しい場合は、贈与者の押印を実印で行い、「贈与者の印鑑証明書」と一緒に保管することが重要です。

　実印で押印をしていない場合や、印鑑証明書を紛失してしまった場合は、相続発生後に所有権移転登記（本登記）をするにあたって、相続人全員の承諾書（印鑑証明書付）が必要になってしまいます。

（A）　贈与者の相続人全員を義務者・受贈者を権利者として共同で登記を申請

【必要書類】

① 　対象不動産の登記識別情報通知（登記済証）

② 　登記原因証明情報

　１．死因贈与契約書

　２．贈与者の死亡が確認できる除籍

③ 　贈与者の相続人全員の印鑑証明書（発行から３か月以内のもの）

④ 　相続人を特定できる被相続人の出生から死亡までの戸籍（除籍・改製原戸籍）と相続人全員の戸籍

⑤ 　受贈者の住民票（または戸籍の附票）

⑥ 　贈与者（被相続人）の住民票の除票（または戸籍の附票）

⑦ 　対象不動産の最新年度の固定資産評価証明書

（B）　死因贈与執行者を義務者・受贈者を権利者として共同で登記を申請

【必要書類】

① 　対象不動産の登記識別情報通知（登記済証）

② 　登記原因証明情報

　１．死因贈与契約書（死因贈与執行者の権限証明を兼ねます）

　２．贈与者の死亡が確認できる除籍

　３．贈与者の印鑑証明書または贈与者の相続人を特定できる被相続人

の出生から死亡までの戸籍（除籍・改製原戸籍）、相続人全員の戸籍及び承諾書（印鑑証明書付）。

（※）公正証書の場合は不要です。

③　死因贈与執行者の印鑑証明書（発行から3か月以内のもの）

④　受贈者の住民票（または戸籍の附票）

⑤　贈与者（被相続人）の住民票の除票（または戸籍の附票）

⑥　対象不動産の最新年度の固定資産評価証明書

Q2-16 ─ 死因贈与契約の公正証書作成

死因贈与契約書は公正証書で作成した方がよいでしょうか？

可能であれば、公正証書で作成した方が良いでしょう。

公正証書で作成することで、贈与者の意思に基づく贈与であることについての証明力が高くなり、また、死因贈与執行者が不動産の名義変更をする場合の負担が、大幅に減ります（詳細については、**Q2-15** をご参照ください）。

4 家族信託（民事信託）

　家族信託は、法律上の正式な用語ではなく、民事信託のなかでも特に
「家族のために行う民事信託」を表すものです。

　よって、厳密に言えば、家族信託は、民事信託の一部という位置付けに
なりますが、実務上、家族信託という用語の方が一般の方に浸透していま
すので、本書では「家族信託」の表記に統一して解説します。

　　（※）家族信託は、「一般社団法人家族信託普及協会」の登録商標です。

Q2-17 — 家族信託

　家族信託とは、どのようなものでしょうか？

　家族信託とは、自身の保有する不動産や預貯金などの財産を、家族など
の信頼できる人に託して、管理・処分を任せる財産管理の方法です。

　家族信託は、財産の所有者が、親族や信頼のできる人との間で、財産管
理などを任せる契約（以下、「信託契約」といいます）を締結することで
成立します。

　そして、財産の管理などを任された人は、信託契約で定められた信託目
的（※）を実現するべく、契約で定められた人の利益のために財産を管理
し、また、必要に応じて運用や処分をします。

　この信託契約における財産の所有者を「委託者」、管理を任された人を
「受託者」、利益を得る人を「受益者」といいます。

　また、信託する財産のことを「信託財産」といいます。

　　（※）信託目的
　　　　信託目的とは、家族信託で実現しようとする目標のことです。

例えば、「長男に財産管理をしっかり行ってもらって、老後を安心して過ごしたい」という目標があれば、その目標を実現するために、信託目的を定めます。

　家族信託においては、信託目的は、家族信託開始後の受託者の行動指針になるため、非常に重要です。

> （信託目的の例）
> 　本信託は、受託者が信託財産を管理、運用、処分することによって、委託者の財産管理の負担を軽減し、また、信託財産を有効活用することにより経済的利益を生じさせ、もって受益者の生活を支援し、財産に見合った最善の福祉を確保することを目的とする。

　以下のモデルケースで、家族信託の仕組みを説明します。

【モデルケース】

財産（収益アパート）の所有者
（父）

財産の管理や運用を任される人
（長男）

利益（賃料）を受けとる人
（母）

　このケースにおいて、父と長男が信託契約をした場合、以下のように、父（委託者）の財産を、母（受益者）の利益のために　長男（受託者）が管理、運用することになります。

　なお、本ケースでは、家族信託の仕組みが理解しやすいよう、委託者、受託者、受益者を別の人物で設定しましたが、実際には、贈与税との関係から、信託の設定当初は、委託者と受益者を同じにする「自益信託」の形をとることが多いです（自益信託については、**Q2-21** をご参照ください）。

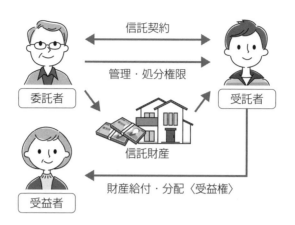

信託契約
委託者
管理・処分権限
受託者
信託財産
財産給付・分配〈受益権〉
受益者

Q2-18 — 代理による信託契約

　本人の意思能力がない場合に、親族が代理することで信託契約を締結することはできますか?

　信託契約は、本人の意思能力がある場合でなければ締結できません。

　また、意思能力がない場合、代理の前提となる委任行為ができないため、親族等が代わりに信託契約を締結することもできません。

　よって、認知症対策として家族信託を利用する場合には、本人の意思能力がしっかりしているうちに信託契約を締結する必要があります。

Q2-19 — 信託契約書

　信託契約は、公正証書で作成する必要がありますか?

　信託契約書は、私文書でも有効です。

ただし、本人の意思能力の客観的な評価（公証人による意思確認）や、契約日の証明など後日の紛争を予防する観点からは、公正証書で作成をした方が望ましいと言えます。

委託者の余命が僅かなどの緊急性がない限り、公正証書を利用した方が良いでしょう。

Q2-20 家族信託契約締結までの期間

認知症対策として家族信託を利用するには、どれくらいの期間がかかるのでしょうか？

家族信託の内容や信託する財産の種類、打合せの頻度などにより大きく異なりますが、早いケースで1か月程度、一般的に2か月〜3か月程度かかるケースが多いです。

なお、委託者になる方の意思能力の低下が著しく進行しているなど、緊急を要する場合は、主要なポイントのみに絞った「簡易な信託契約」を私文書で締結し、法的に安定させた上で、後日、細かい条項を調整して公正証書化する方法も可能です。

Q2-21 自益信託・他益信託

自益信託・他益信託とは何ですか？

自益信託とは、委託者と受益者が同一人で設定された信託のことです。

一般的な家族信託では、贈与税の関係から、自益信託の形でスタートするケースが多いです。

一方、他益信託とは、委託者と受益者が別人で設定された信託のことで

す。

　信託設定当初から他益信託をした場合、信託財産の金額によっては、贈
与税が発生する可能性があるため注意が必要です。

Q2-22 ─ 遺言代用信託

遺言代用信託とは何ですか？

　遺言代用信託とは、「① 委託者の死亡時に受益者となるべき者として指
定された者が受益権を取得する旨の定めのある信託」と「② 委託者の死
亡時以後に、受益者が信託財産に係る給付を受ける旨の定めのある信託」
のことで、遺言と同様の効果を実現することができます。

　（※）委託者の死亡により信託が終了し、残余財産を特定の者に帰属させる旨の定
　　　めのある信託も、遺言と同様の効果を実現することができます。

Q2-23 ─ 遺言と家族信託の優先順位

遺言と家族信託はどちらが優先されるのでしょうか？

　遺言の作成日と家族信託の設定日の前後を問わず、家族信託が優先され
ます。

　具体的には、以下のようになります。

◆遺言の内容：　　　「Ａ不動産を二男に相続させる」

◆家族信託の契約内容：「Ａ不動産を長男に信託する」

〇遺言を作成したあとに家族信託を利用

➡遺言内容に抵触する部分は撤回とみなされるため、家族信託が優先します。

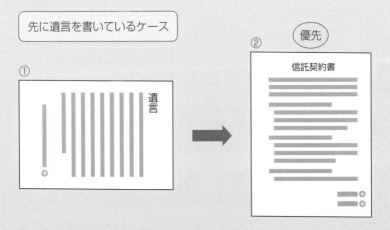

先に遺言を書いているケース

① 遺言

② 優先

信託契約書

〇家族信託を利用したあとに遺言を作成

➡信託された財産は、法律上、委託者の個人財産から切り離されるので遺言の効力は及びません。よって家族信託が優先します。

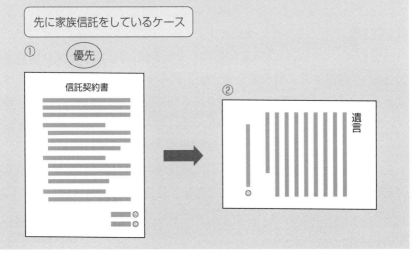

先に家族信託をしているケース

① 優先

信託契約書

② 遺言

$Q_{2\text{-}24}$　家族信託のモデルケース

家族信託を活用したモデルケースを教えてください。

1．認知症対策（資産凍結の防止）
認知症発症後も積極的な相続対策などを続けたいケース

　日本では、本人の意思能力がない場合、法律行為（売買や贈与など）を
単独ですることができません。

　例えば、本人が、相続対策のために投資不動産を買い替えたいと希望し
ていた場合に、認知症などで急激に意思能力が低下してしまうと、不動産
の売買ができなくなってしまいます。

　意思能力がない人が不動産を売買するためには、「成年後見制度（法定
後見）」を利用する必要がありますが、成年後見制度（法定後見）では、
被後見人の財産を保護することが重視されるため、投資不動産の買い替え
などリスクの生じる取引などは、基本的にできません（法定後見制度につ
いては、第2章5　成年後見制度 **Q2-29** をご参照ください）。

　このようなケースにおいて、事前に家族信託を利用することで、不動産
の売買ができないなどの資産凍結を防止することができます。

　具体的には、本人の意思能力がしっかりしているうちに「信託契約」を
締結し、その契約のなかで、受託者の権限について「受託者の判断で、信
託財産の管理、運用または処分をすることができる。」と定めます。

この定めを設定することで、委託者が認知症などにより意思能力が低下した後でも、受託者が状況に応じて信託財産を運用することや処分することが可能になります。

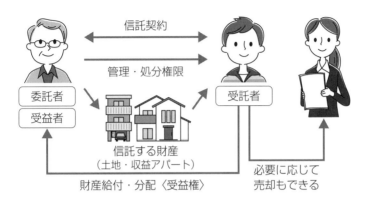

信託契約

管理・処分権限

委託者
受益者

信託する財産
（土地・収益アパート）

受託者

必要に応じて
売却もできる

財産給付・分配〈受益権〉

２．財産承継の順序の自由な設定（受益者連続型信託）
子供がいない夫婦の相続（収益不動産の承継）のケース

　子供がいない夫婦において、夫が「自分が亡くなったら妻にすべての財産を相続させる」という内容の遺言を書くケースは少なくありません。

　このケースにおいて、夫としては、さらに「妻に財産が行くのは良いが、そのあとに妻側の親族に財産が流れてしまうのは避けたい。できれば妻のあとは甥に承継させたい」と希望していたとしても、この希望は、遺言では実現することができません。配偶者に相続させた財産は、当該配偶者に相続が起きた場合、配偶者側の親族（親や兄弟姉妹）が相続人として財産を取得することになります。

　なぜなら、遺言では、自分の財産に関してのみ承継先を指定することができ、自分以外の人の財産に関しては、承継先を指定することができない（無効）とされているからです。

　このようなケースにおいて、家族信託を利用することで、夫の希望を実現することができます。

家族信託では、財産や財産から生じる利益（受益権）の承継先や順番を自由に決めることができます。

　例えば、夫が所有する収益不動産について「自分が亡くなったあとは妻に承継させ、妻が亡くなったあとは甥に承継させたい」と考えているケースにおいて、信頼している弟を受託者にして受益権の承継順序を「妻 ➡ 甥」と設定することで、遺言ではできない①「最初の財産の承継者を妻」②「妻が亡くなった後の承継者を甥」という希望を適法に実現することができます。

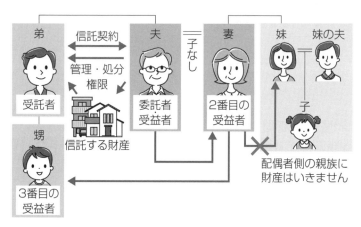

Q2-25 ─ 受託者の信託報酬

受託者は、信託の報酬を受け取ることが可能でしょうか？

　信託契約の中で、受託者が報酬を受け取れることが定められている場合は、受託者は、報酬（信託報酬）を受け取ることが可能です。

　ただし、報酬を設定する場合、当事者以外の親族との間でトラブルが生じる可能性もあるため、契約の中で、以下のように一定の上限額を設定して、職務に応じて請求できる定めなどを設定すると良いでしょう。

（契約条項例）

　受託者の報酬は、職務に応じて月額金○○円を上限に、以下の時期に信託財産から収受することができる。

　　・１月から６月までの職務について　　６月末日（６か月分）
　　・７月から12月までの職務について　　12月末日（６か月分）

Q2-26 ── 家族信託と後見制度の違い

家族信託と後見制度（法定後見・任意後見）の違いは何ですか？

　家族信託と後見制度（法定後見・任意後見）の代表的な違いは、以下のとおりです。

	家族信託	法定後見（※）	任意後見
利用目的	委託者の財産管理や財産承継 （※）身上保護は目的ではない。	被後見人の身上保護と財産管理	被後見人の身上保護と財産管理
対象財産	信託契約で定めた財産	被後見人の財産すべて	契約で定めた財産
受託者・受任者の選任方法	受託者は信託契約で定める。	家庭裁判所が後見人を選任する。 ※候補者として親族等を立てることは可能ですが、最終的には家庭裁判所が決定します。	後見人は契約で定め、後見監督人は家庭裁判所の審判により決定する。
財産管理の権限	信託契約で定める。	成年後見人に包括的な代理権及び取消権がある。	任意後見契約で定める。 （※）法定後見のような「取消権」を付けることはできない。

121

死後の財産の管理処分	信託契約によって委託者の死後の財産管理処分等を定めることが可能。	被後見人の死亡によって終了するため、死後の財産管理や処分は行えない。	被後見人の死亡によって終了するため、死後の財産の管理処分は行えない。

（※）法定後見には３類型（成年後見・保佐・補助）ありますが、ここでは一番利用者数が多い「成年後見」について記載しています。

Q2-27 委託者の死亡による信託終了と信託財産

委託者の死亡によって家族信託が終了した場合、信託財産はどうなるでしょうか？

信託契約の中で、信託の終了事由として「委託者の死亡」を定めていた場合、委託者の死亡によって家族信託は終了となり、信託財産は、信託契約の内容に従って処理されます。

具体的には、信託契約の中で「残余財産の帰属権利者」（以下、「帰属権利者」という）が定められている場合は、清算受託者（※）が、帰属権利者に残余の信託財産を引き渡すことになります。

帰属権利者の定めがない場合や帰属権利者が権利を放棄した場合は、委託者の相続人に帰属します（相続人が全員亡くなっている場合などは、清算受託者に帰属します）。

（※）家族信託が終了した場合に、以下の業務を行う受託者のことです。

一般的に、信託終了時点での受託者が清算受託者になるケースが多いです。

① 現務の結了

② 信託財産に属する債権の取立て及び信託債権に係る債務の弁済

③ 受益債権（残余財産の給付を内容とするものを除く。）に係る債務の弁済

④ 残余財産の給付

参照条文
（残余財産の帰属）
信託法第182条　残余財産は、次に掲げる者に帰属する。
一　信託行為において残余財産の給付を内容とする受益債権に係る受益者（次項におい
　　て「残余財産受益者」という。）となるべき者として指定された者
二　信託行為において残余財産の帰属すべき者（以下この節において「帰属権利者」と
　　いう。）となるべき者として指定された者
　　2　信託行為に残余財産受益者若しくは帰属権利者（以下この項において「残余財産
　　　受益者等」と総称する。）の指定に関する定めがない場合又は信託行為の定めによ
　　　り残余財産受益者等として指定を受けた者のすべてがその権利を放棄した場合に
　　　は、信託行為に委託者又はその相続人その他の一般承継人を帰属権利者として指定
　　　する旨の定めがあったものとみなす。
　　3　前2項の規定により残余財産の帰属が定まらないときは、残余財産は、清算受託
　　　者に帰属する。

Q2-28 信託契約の内容の変更

信託契約の内容は、途中で変更できますか？

　原則、委託者・受託者・受益者の3者間で合意することで変更ができます。

　ただし、次の場合には、3者間での合意が不要です。

① 信託の目的に反しないことが明らかであるとき……受託者および受
　益者の合意
　（※）委託者への通知が必要です。
② 信託の目的に反しないことおよび受益者の利益に適合することが明
　らかであるとき……受託者の書面または電磁的記録によってする意思
　表示
　（※）委託者および受益者への通知が必要です。
③ 受託者の利益を害しないことが明らかであるとき……委託者および
　受益者の受託者に対する意思表示

④　信託の目的に反しないことおよび受託者の利益を害しないことが明らかであるとき……受益者の受託者に対する意思表示
⑤　信託行為に別段の定めがあるとき……信託行為で定めるところによる

（※）信託契約において別段の定めをしていれば自由に設定が可能です。

5　成年後見制度

Q2-29　成年後見人

　成年後見制度（法定後見制度・任意後見制度）とは、どのような制度ですか？

　成年後見制度は、法定後見制度（以下、「法定後見」という）と任意後見制度（以下、「任意後見」という）の2つに分けることができます。

　どちらも、本人の判断能力が不十分な場合に、本人の利益を保護することを目的として、財産管理などを支援する制度です。

【法定後見】

　認知症や知的障害、精神障害などによって、本人の判断能力が不十分な場合に、家庭裁判所に申立てをすることによって、本人の判断能力に応じて、家庭裁判所から選任された成年後見人・保佐人・補助人（以下、総称して「後見人等」という）が、与えられた権限の範囲内で本人の財産管理等を行い、本人を支援する制度です。

【任意後見】

　判断能力が低下した場合に備えて、本人の判断能力があるうちに、予め将来後見人になる人（以下、「任意後見受任者」という）と、公正証書で任意後見契約を締結しておき、本人の判断能力が低下した段階で、任意後見受任者が、家庭裁判所に対して「任意後見監督人選任の申立て」を行い、審判が確定することにより、任意後見受任者が任意後見人となり、予め締結していた任意後見契約の権限の範囲内で本人の財産管理等を行い、本人を支援する制度です。

法定後見と任意後見の違い

法定後見と任意後見は、何が違うのでしょうか？

　法定後見と任意後見には、次のような違いがあります。

① 制度利用のための事前準備の有無

　法定後見と任意後見のいずれについても、家庭裁判所に申立てを行い、審判が確定することにより制度を利用することができますが、任意後見については、その前提として、判断能力がある段階で、本人と任意後見受任者との間で公正証書により「任意後見契約」を締結しておく必要があります。

② 希望する後見人の選択の可否

　法定後見では、後見人等にしたい人について、申立時に候補者として希望することはできますが、最終的な判断は家庭裁判所が行いますので希望通りにならないこともあります。一方、任意後見では、「任意後見契約」において定めた人を後見人にすることができます。

　なお、欠格事由（未成年者・破産者など）に該当する者は、後見人になれません。

③ 代理権の範囲

　法定後見は、裁判所の審判により、本人の判断能力の低下に応じて補助・保佐・後見という3つの類型に分類され、その代理権の内容も決定されるのに対し、任意後見では、「任意後見契約」において、代理権の内容を自由に定めることができます。

④ 後見人の報酬

　法定後見の報酬は、後見人等の行った業務に応じて家庭裁判所が決定す

るのに対して、任意後見では、「任意後見契約」において、自由に報酬を
決めておくことができます。

⑤　任意後見監督人の関与

　法定後見では、監督人が選任されるかどうかは家庭裁判所の判断です
が、任意後見では、必ず監督人が選任されます（監督人への報告義務、報
酬の支払いが発生します）。

⑥　取消権の有無

　法定後見では、本人が後見人等の同意を得ないで行った法律行為は、後
見人等が家庭裁判所に与えられた権限内で取り消すことができますが、任
意後見では、そのような「取消権」はありません（取消権が必要な場合
は、法定後見に移行する必要があります）。

⑦　代理権の追加の可否

　法定後見では、後見類型を除き、本人の同意があれば、家庭裁判所の審
判により事後的に代理権を追加することができますが、任意後見では、
「任意後見契約」で決められた代理権以外の代理権を追加することはでき
ません（代理権の追加が必要な場合は、法定後見に移行する必要がありま
す）。

Q2-31 ── 親族が後見人になる

　法定後見を利用するにあたって、親族が後見人等になりたい場合、
必ず選任してもらう方法はありますか？

　親族が後見人等になることは可能ですが、誰を選任するかは家庭裁判所
の判断になります。

現状、家庭裁判所としても、親族を後見人等に選任することに積極的であると感じますが、以下にあげる「親族間の事情や候補者自身の事情」、「被後見人と候補者との関係性等」によっては選任されないこともあります。

なお、候補者が後見人等に選任されなかった場合、家庭裁判所の判断で第三者が選任されることになりますが、その場合に申立て自体を取り下げることはできません。

①　本人の親族（推定相続人）が反対している場合

申立てに際し、本人の推定相続人が「後見制度を利用すること」、「後見人等に候補者が選任されること」についてどう考えているかを記載した「親族の意見書」を提出する必要がありますが、その中で一部の親族が、候補者が後見人等に選任されることに反対している場合。

（※）「親族の意見書」が提出されていない推定相続人には、申立て後、裁判所から直接意思確認が行われる場合もあります。

②　候補者と本人の間に問題がある場合

候補者に記載された親族が、本人に対して身体的・経済的な虐待をしていた場合など、本人との間にトラブルを抱えている場合。

③　その他

候補者の住んでいる場所が本人とあまりにも離れている、候補者が重い病を抱えているなど、今後、継続的に後見業務が行えるか疑義がある場合。

Q2-32 親族が後見人になる場合の注意点

親族が後見人等になる場合、注意することはありますか？

親族が後見人等に選任される場合には、本人の財産規模、今後予想される手続きなどによって、一定の条件がつく場合があります。

ケースによって異なりますが、一般的に、以下の条件が考えられます。

① 後見人等を監督するために、第三者の後見監督人が選任される。
② 後見制度支援信託、後見制度支援預金を利用し、本人の預貯金等の大部分を通常の管理財産と切り離す（ただし、後見類型に限る）。
③ 親族以外にも第三者の後見人等を選任する（複数後見）。

①の条件が付された場合、親族が後見人等になって後見業務を行うにあたり、家庭裁判所の監督だけではなく、司法書士や弁護士といった第三者後見監督人による監督を受けることになり、年に数回の面談、財産状況や収支等の後見等事務報告をする必要があります。

また、一定の行為を行う場合には「監督人の同意」も必要になります。

なお、監督人に対しては、家庭裁判所が決定した報酬を、本人の財産から支払うことになります。

②の条件が付された場合、後見開始と同時に、原則として第三者後見人が、財産調査、収支調査を行った上で、一定金額を金融機関に預金または信託する手続きを行います。

この預金または信託財産は、通常の管理財産とは切り離され、家庭裁判所の指示がなければ引き出すことができなくなります。

そしてこの手続きが完了すると、原則、第三者後見人は辞任をして、その後の後見業務を親族後見人が行っていくことになります。

③の条件が付された場合、第三者後見人等が親族と共に後見人等に選任された上で、共同で後見業務を行っていくことになります。

ケースによっては、特定の手続き（遺産分割等）が終わった時点で第三者後見人が辞任する場合もありますし、事務分掌（じむぶんしょう）といって、財産管理を第三者後見人、身上監護は親族後見人といった具合に権限を分けて後見を行う場合もあります。

　なお、このような条件が付されるのは「財産額が多い」、「財産内容が多岐にわたる」、「収支が複雑」、「複雑な手続き（遺産分割・不動産売却等）を控えている」などの理由が考えられます。

Q2-33 ── 親族が後見人になることを阻止

　親族が後見人になることを阻止したい場合、どうしたらよいのでしょうか？

　成年後見等の申立ての際に提出をする「親族の意見書」において、反対の意思およびその理由を明示することです。

　なお、最終的には家庭裁判所の判断になりますが、本人にとって不利益またはリスクがあると認められた場合は、司法書士や弁護士などの「専門職後見人」が選任されることになります。

Q2-34 ── 法定後見の中止

　法定後見を利用した場合、途中でやめることはできますか？

　原則、途中でやめることはできません。

　例えば、遺産分割協議のために後見制度を利用した場合であっても、遺産分割協議を終えたからといって後見制度の利用を終了させることはできず、原則、本人が死亡するまで継続することになります。

そして、後見制度を利用している間は、後見人等は継続的に財産管理や家庭裁判所への報告（または後見監督人への報告）を行う必要があります。

6 見守り契約・財産管理委任契約

Q2-35 見守り契約

「見守り契約」とは、どのような契約でしょうか？

　見守り契約とは、法律上の正式な名称ではなく、任意後見契約を締結した任意後見受任者が、委任者の生活状況及び健康状態を把握することを目的として「安否」や「認知症の進行具合」の確認方法等を定めた契約です。

　確認方法や確認頻度については、「○○は、3か月に1回、協議により定めた訪問日に、△△の生活の本拠を訪問して△△と面談する。」といった形で、契約の中で自由に定めることができます（契約後の状況に合わせて、確認頻度を変更することもあります）。

Q2-36 財産管理委任契約

財産管理委任契約とは、どのような契約でしょうか？

　財産管理委任契約とは、委任者の所有財産の管理や処分等について、受任者に委任する契約です（委任者の判断能力が衰えていない段階から利用できます）。

　この契約を締結することで、受任者は、財産の管理や処分の手続きを行う権限を得ますが、実務上は、不動産の売買や定期預金の解約などにあたって委任者本人の意思確認などが求められることも多いため、有効に機能しないケースもあります。

また、財産管理委任契約は、家庭裁判所の関与が無いため監視機能が弱く、代理権が乱用されるなどのリスクもあるため、利用には注意が必要です。

Q2-37 — 財産管理委任契約と任意後見契約の違い

財産管理委任契約と任意後見契約の違いは何でしょうか？

財産管理委任契約は、**Q2-36** の説明のとおり、"本人の判断能力がまだしっかりしている段階"でも財産管理などの代理権を付与することができます。

よって、体が不自由で出歩くことが難しい人や、認知症前から財産管理などを任せたい人などは、いつでも利用できます。

一方、任意後見契約は、事前に公正証書で契約を締結しておき、"本人の判断能力が低下した際"に効力が生じるものです（厳密には、裁判所に「後見監督人選任の申立て」を行い後見監督人が選任されたときに効力が生じます）。

よって、任意後見契約を締結したからといって、本人の判断能力がまだしっかりしている段階では、財産管理委任契約のように、財産管理などを代理することはできません。

任意後見契約は、あくまでも、判断能力が低下したときに備えるための契約です。

7 相続対策と会社の法務

Q2-38 ── 株式会社の定款による相続対策

株式会社の定款について、相続対策になるような規定はありますか?

株式会社の定款には、「相続人等に対する株式の売渡し請求」に関する規定（以下、「売渡し請求の規定」という）を定めることができます。

売渡し請求の規定を定款に定めることで、会社は、株主に相続が発生した場合に、株主の相続人（一般承継人）から株式を買い取ることができるため、望ましくない人物が株主になることを防止することができます。

ただし、株主が「自身の死後は必ず子供に株式を承継させたい」と希望している場合など、「売渡し請求の規定」を定めない方が良いケースもありますので、新たに導入をする場合は、経営体制や株主と役員の関係性なども含め、慎重に検討した方が良いでしょう。

特に、99％の株式を社長（代表取締役）、残りの1％を従業員などの第三者が保有している場合などにおいて、社長が急死してしまいかつ1％の株式を保有している人が、この規定を逆手にとって利用すると会社を乗っ取られてしまうリスクもあります。

なお、定款に「売渡し請求の規定」を追加する場合は、株主総会を開催して特別決議（会社法第309条第2項）で承認する必要があります。

【定款の記載例】

(相続人等に対する株式の売渡し請求)
第●条　当会社は、相続その他の一般承継により当会社の株式を取得した

者に対し、当該株式を当会社に売り渡すことを請求することができる。

第2章　相続開始前の法務と手続き

参照条文
（相続人等に対する売渡しの請求に関する定款の定め）
会社法第174条　株式会社は、相続その他の一般承継により当該株式会社の株式（譲渡制限株式に限る。）を取得した者に対し、当該株式を当該株式会社に売り渡すことを請求することができる旨を定款で定めることができる。

参照条文
（株主総会の決議）
会社法第309条　株主総会の決議は、定款に別段の定めがある場合を除き、議決権を行使することができる株主の議決権の過半数を有する株主が出席し、出席した当該株主の議決権の過半数をもって行う。
2　前項の規定にかかわらず、次に掲げる株主総会の決議は、当該株主総会において議決権を行使することができる株主の議決権の過半数（3分の1以上の割合を定款で定めた場合にあっては、その割合以上）を有する株主が出席し、出席した当該株主の議決権の3分の2（これを上回る割合を定款で定めた場合にあっては、その割合）以上に当たる多数をもって行わなければならない。この場合においては、当該決議の要件に加えて、一定の数以上の株主の賛成を要する旨その他の要件を定款で定めることを妨げない。
（以下省略）

7　相続対策と会社の法務

Q2-39 ── 相続人に対する売渡し請求と売渡価格

相続人に対する売渡し請求に基づく売渡価格は、どのように決まりますか？

株式の売渡価格については、原則、会社と相続人との間の協議で決定することになります。

ただし、両者の間で協議がまとまらない場合は、裁判所に対して、売渡価格の決定を求める申立てをすることができます。

なお、会社が株式の売渡し請求をする場合は、相続があったことを知ってから1年以内に行う必要があり、また、買取金額について「分配可能

額」を超えてはいけないという財源規制もあるので注意が必要です（会社法第176条1項・同法第461条1項5号）。

参照条文
（売渡しの請求）
会社法第176条　株式会社は、前条第1項各号に掲げる事項を定めたときは、同項第二号の者に対し、同項第一号の株式を当該株式会社に売り渡すことを請求することができる。ただし、当該株式会社が相続その他の一般承継があったことを知った日から1年を経過したときは、この限りでない。
2　（省略）
3　（省略）

（配当等の制限）
会社法第461条　次に掲げる行為により株主に対して交付する金銭等（当該株式会社の株式を除く。以下この節において同じ。）の帳簿価額の総額は、当該行為がその効力を生ずる日における分配可能額を超えてはならない。
一〜四　（以下省略）
五　第176条第1項の規定による請求に基づく当該株式会社の株式の買取り
六〜八　（以下省略）
2　（省略）

Q2-40 ― 合同会社の定款と相続対策

合同会社の定款について、相続対策になるような規定はありますか？

　合同会社の社員について相続が発生した場合、当該社員は退社することになります。

　そして、定款に特段の定めがない限り、相続人は社員の地位を承継することができないため、合同会社の社員になることができません。

　このような状況を避けるためには、以下のような「相続人が持分を承継して社員になることができる旨の定め」を定款に定めておく必要があります。

相続人が、被相続人の社員の地位を引継ぐことが確定している場合は、予め相続対策として定款に定めておいた方が良いでしょう。

なお、この定めがない合同会社の場合、相続人は、会社に対して退社に伴う持分の払戻しの請求を行うことになります。

【定款の記載例】

相続及び合併による持分の承継
第●条　当会社の社員が死亡した場合又は合併により消滅した場合には、当該社員の相続人その他の一般承継人は、当該社員の持分を承継して社員となることができる。

Q2-41 ── 成年後見人と株式の取扱い

株主に成年後見人がついた場合、株式の取扱いはどうなりますか？

株主に成年後見人がついた場合は、当該成年後見人が、議決権を代理で行使することになります。

しかし、議決権の行使の判断を本人と同レベルで行うことは難しく、特にリスクの高い事業方針などの決定については、現実的に判断できない可能性が高いと言えます。

このような事態になるリスクを避けるためには、状況に応じて家族信託（民事信託）を利用することや種類株式を発行するなどの対策をしておいた方が良いでしょう。

第3章

• • • • • • • • • • •

相続開始後の法務と手続き

1　相続財産の調査

Q3-1 ── 自筆証書遺言

　　自筆証書遺言があるか不明な場合、どのように調べたらよいでしょうか？

　自筆証書遺言については、法務局における遺言書保管制度（※）を利用している場合を除き、法律などで決められた保管場所はありません。

　通常は、本人が、自身が亡くなった後に遺言を発見してもらいたいと考えているケースが多いと思われますので、通帳や実印などを保管している自宅の収納場所や、貸金庫を契約している場合は当該貸金庫などを確認すると良いでしょう。

　また、遺言書の保管を第三者（生前介護をしてくれた親族など）に依頼しているケースもあります。

　　（※）令和2年7月10日より開始された、法務局（遺言保管所）に自筆証書遺言を保管してもらえる制度です（詳細については、第2章1　遺言の **Q2-2** をご参照ください）。

　　　　遺言書保管制度を利用している場合の調査方法などは、**【資料17・18】**をご参照ください。

■【資料 17】被相続人が、遺言書保管制度を利用している場合の調査方法

http://www.moj.go.jp/content/001318461.pdf

相続人等が遺言書が預けられているか確認する（証明書の請求）

遺言書保管事実証明書とは　遺言書保管事実証明書の交付の請求をし，特定の遺言者の，自分を相続人や受遺者等又は遺言執行者等とする遺言書が保管されているか否かの確認ができます（遺言者が亡くなられている場合に限られます。）。

遺言書保管事実証明書の交付の請求の流れ

① 交付の請求をする遺言書保管所を決める

🔍 **交付の請求ができる遺言書保管所**
全国のどの遺言書保管所でも，交付の請求をすることができます。

② 請求書を作成する

🔍 **交付の請求ができる者**
・相続人　・遺言執行者等　・受遺者等　　左記の親権者や成年後見人等の法定代理人

🔍 **添付書類**
⑦遺言者の死亡の事実を確認できる戸籍（除籍）謄本
⑦請求人の住民票の写し

相続人が請求する場合
⑦遺言者の相続人であることを確認できる戸籍謄本

請求人が法人である場合
⑪法人の代表者事項証明書（作成後 3 か月以内）

法定代理人が請求する場合
⑦戸籍謄本（親権者）や登記事項証明書（後見人等）（作成後 3 か月以内）

③ 交付の請求の予約をする

④ 交付の請求をする

遺言書保管事実証明書の手数料は，1 通につき **800円**です（必要な収入印紙を手数料納付用紙に貼ってください。）。
送付の方法による交付の請求の場合は，ご自身の住所を記載した返信用封筒と，切手を同封してください。

⑤ 証明書を受け取る

窓口請求の場合　運転免許証等により本人確認をした後，遺言書保管事実証明書をお渡しします。

送付請求の場合　請求人の住所に宛てて遺言書保管事実証明書を送付します。

遺言書が保管されている場合には，遺言書情報証明書の交付の請求や遺言書の閲覧を行い，遺言書の内容を確認することができます。

↓ 交付される証明書の
イメージ画像 →

認証文の種類

	保管されている	保管されていない
相続人	「上記の遺言者の申請に係る遺言書が遺言書保管所に保管され，上記のとおり遺言書保管ファイルに記録されていることを証明する。」	「上記の遺言者の申請に係る遺言書が遺言書保管所に保管されていないことを証明する。」
相続人以外の方	「上記の遺言者の申請に係る請求人を受遺者等（略）又は遺言執行者等（略）とする遺言書が遺言書保管所に保管され，上記のとおり遺言書保管ファイルに記録されていることを証明する。」	「上記の遺言者の申請に係る請求人を受遺者等（略）又は遺言執行者等（略）とする遺言書が遺言書保管所に保管されていないことを証明する。」

141

■ 【資料18】遺言書保管事実証明書（見本）①
　（※）請求人の資格が「相続人」で遺言書が保管されている場合

遺言書保管事実証明書

請求人	
資格	☑相続人　□相続人以外
氏名又は名称	遺言　一郎
住所	○○県○○市○○町○丁目○番地○

遺言者	
氏名	遺言　太郎
出生の年月日	昭和○年○月○日

遺言書	
作成の年月日	令和2年7月10日
遺言書が保管されている遺言書保管所の名称	○○法務局
保管番号	H0101-202007-100

　　上記の遺言者の申請に係る遺言書が遺言書保管所に保管され，上記のとおり遺言書保管ファイルに記録されていることを証明する。

　令和3年7月10日
　○○法務局

遺言書保管官
法務　三郎

整理番号　ア000001

1／1

142

遺言書保管事実証明書（見本）②

（※）請求人の資格が「相続人以外」で、遺言書が保管されていない場合

遺言書保管事実証明書

請求人の資格 ［2］ 1：相続人／2：相続人以外

請求人の氏名又は名称 姓 ［乙］［山］

名 ［月］［子］

請求人の住所 〒 ［○］［○］［○］ － ［○］［○］［○］［○］

都道府県市区町村大字丁目 ［○○県○○市○○町○丁目］

番地 ［○］［番］［地］［○］

建物名

遺言者の氏名 セイ ［イゴン］

姓 ［遺］［言］

メイ ［タロウ］

名 ［太］［郎］

遺言者の出生の年月日 ［3］ 1：令和／2：平成／3：昭和／4：大正／5：明治 ［○○］年 ［○○］月 ［○○］日

　上記の遺言者の申請に係る請求人を受遺者等（遺言書に記載された法務局における遺言書の保管等に関する法律第9条第1項第2号に掲げる者）又は遺言執行者等（遺言書に記載された同項第3号に掲げる者）とする遺言書が遺言書保管所に保管されていないことを証明する。

令和3年7月10日
○○法務局

遺言書保管官
法務　三郎

整理番号　ア000001

Q3-2 遺言書が見つかった場合の対応

遺言書が見つかった場合は、どのように対応したらよいのでしょうか？

遺言書が見つかった場合、その遺言書が「自筆証書遺言」、「遺言書保管制度を利用した自筆証書遺言」または「公正証書遺言」かによって、以下のとおり対応が異なります。

なお、いずれの遺言書であっても、遺言執行者が指定されている場合は、当該遺言執行者から相続人、受遺者に対して遺言の内容を通知し、また、相続財産の目録を交付することになります。

① 自筆証書遺言の場合

家庭裁判所で検認手続きを行った上で、遺言を執行する必要があります（詳細については、**Q3-3**をご参照ください）。

② 遺言書保管制度を利用した自筆証書遺言の場合

遺言書保管所で「遺言書情報証明書」を取得します。【**資料 19・20**】

家庭裁判所の検認手続きは不要のため、遺言の内容に従って遺産の承継手続き等を進めます。

③ 公正証書遺言の場合

家庭裁判所の検認手続きは不要のため、遺言の内容に従って遺産の承継手続き等を進めます。

参照条文
（遺言執行者の任務の開始）
民法第 1007 条 遺言執行者が就職を承諾したときは、直ちにその任務を行わなければならない。
2 遺言執行者は、その任務を開始したときは、遅滞なく、遺言の内容を相続人に通知しなければならない。

（相続財産の目録の作成）

民法第 1011 条　遺言執行者は、遅滞なく、相続財産の目録を作成して、相続人に交付しなければならない。

2　遺言執行者は、相続人の請求があるときは、その立会いをもって相続財産の目録を作成し、又は公証人にこれを作成させなければならない。

■【資料 19】相続人が遺言書情報証明書を受け取る流れ

http://www.moj.go.jp/content/001318461.pdf

相続人等が遺言書の内容の証明書を取得する（証明書の請求）

遺言書情報証明書とは　相続人等は，遺言書情報証明書の交付の請求をし，遺言書保管所に保管されている遺言書の内容の証明書を取得することができます（遺言者が亡くなられている場合に限られます。）。

遺言書情報証明書の交付の請求の流れ

① 交付の請求をする遺言書保管所を決める

🔍 **交付の請求ができる遺言書保管所**
全国のどの遺言書保管所でも，交付の請求をすることができます。

🔍 **交付の請求ができる者**
- 相続人
- 受遺者等
- 遺言執行者等

上記の親権者や成年後見人等の法定代理人

② 請求書を作成する

🔍 **添付書類**

法定相続情報一覧図の写しを活用ください！

法定相続情報一覧図の写しを持っていますか？

いいえ → **添付書類** ⑦ ⑧ ⑨

はい ↓

同一覧図の写しに住所の記載はありますか？

いいえ → **添付書類** ④ ⑨

はい ↓

添付書類 ⑦

添付書類
- ⑦ 法定相続情報一覧図の写し（住所の記載があるもの）
- ④ 法定相続情報一覧図の写し（住所の記載がないもの）
- ⑨ 遺言者の出生時から死亡時までの全ての戸籍（除籍）謄本
- ④ 相続人全員の戸籍謄本
- ⑦ 相続人全員の住民票の写し（作成後3か月以内）

受遺者，遺言執行者等が請求する場合 請求人の住民票の写し

請求人が法人である場合 法人の代表者事項証明書（作成後3か月以内）

法定代理人が請求する場合 戸籍謄本（親権者）や登記事項証明書（後見人等）（作成後3か月以内）

※遺言書を保管している旨の通知を受けた方が請求する場合等は，⑦から⑨までの書類の添付は不要です。

③ 交付の請求の予約をする

④ 交付の請求をする

遺言書情報証明書の手数料は，1通につき**1,400円**です（必要な収入印紙を手数料納付用紙に貼ってください。）。

送付の方法による交付の請求の場合は，ご自身の住所を記載した返信用封筒と，切手を同封してください。

↓ 交付される証明書のイメージ画像

⑤ 証明書を受け取る

- 遺言書情報証明書は，登記や各種手続に利用することができます。
- 家庭裁判所の検認は不要です。

窓口請求の場合
運転免許証等により本人確認をした後，遺言書情報証明書をお渡しします。

送付請求の場合
請求人の住所に宛てて遺言書情報証明書を送付します。

その他の相続人等への通知

相続人等が証明書の交付を受けると，遺言書保管官はその方以外の相続人等に対して遺言書を保管している旨を通知します。

■ 【資料 20】遺言書情報証明書（例）

遺言書情報証明書

遺言者	
氏名	遺言　太郎
出生の年月日	昭和〇年〇月〇日
住所	〇〇県〇〇市〇〇町〇丁目〇番地〇
本籍又は国籍（国又は地域）	〇〇県〇〇市〇〇町〇丁目〇番地

整理番号　ア000001　　　　　　　　　　　　　　1 / 6

遺言書	
作成の年月日	令和2年7月10日
保管を開始した年月日	令和2年7月20日
遺言書が保管されている遺言書保管所の名称	〇〇法務局
保管番号	H0101-202007-100
受遺者等　　（遺言書に記載された法務局における遺言書の保管等に関する法律第9条第1項第2号に掲げる者）	
氏名又は名称	甲山　花子
住所	〇〇県〇〇市〇〇町〇丁目〇番地〇
遺言執行者等　　（遺言書に記載された法務局における遺言書の保管等に関する法律第9条第1項第3号に掲げる者）	
氏名又は名称	東京　和男
住所	〇〇県〇〇市〇〇町〇丁目〇番地〇

148

遺　言　書

1　私は，私の所有する別紙1の不動産と，長男遺言一郎（昭和〇年〇月〇日生）に相続させる。

2　私は，私の所有する別紙2の~~(不動産)~~<ins>預貯金</ins>⑪と，次の者に遺贈する。

  住　　所　〇〇県〇〇市〇〇町〇丁目〇番地〇

  氏　　名　甲山花子

  生年月日　昭和〇年〇月〇日

3　私は，この遺言の遺言執行者として，次の者を指定する。

  住　　所　〇〇県〇〇市〇〇町〇丁目〇番地〇

  職　　業　弁護士

  氏　　名　東京和男

  生年月日　昭和〇年〇月〇日

令和2年7月10日

  住所　〇〇県〇〇市〇〇町〇丁目〇番地〇

     遺　言　太　郎　⑪

上記2中，3字削除3字追加　　遺言太郎

1 / 3

別紙1

2020/04/01 08:40 現在の情報です。

表　題　部	（土地の表示）	調製	余　白	不動産番号	△△△△△△△△△△△△
地図番号	余　白	筆界特定	余　白		
所　在	△△△△区□□□一丁目			余　白	

①　地　番	②地　目	③　地　積　㎡	原因及びその日付〔登記の日付〕
1番2	宅地	3 0 0：0 0	1番から分筆 〔平成20年10月14日〕

所　有　者	△△△△区□□□一丁目1番1号 民 事 記 子

権　利　部　（甲　区）	（所　有　権　に　関　す　る　事　項）		
順位番号	登　記　の　目　的	受付年月日・受付番号	権　利　者　そ　の　他　の　事　項
1	所有権保存	平成20年10月15日 第△△△号	所有者　△△△△区□□□一丁目1番1号 民 事 記 子
2	所有権移転	平成20年10月22日 第△△△号	原因 平成20年10月26日売買 所有者　△△△△区□□□一丁目1番2号 遺 言 太 郎

権　利　部　（乙　区）	（所　有　権　以　外　の　権　利　に　関　す　る　事　項）		
順位番号	登　記　の　目　的	受付年月日・受付番号	権　利　者　そ　の　他　の　事　項
1	抵当権設定	平成20年11月12日 第△△△号	原因 平成20年11月4日金銭消費貸借同日 設定 債権額　金4，000万円 利息　年2・6％（年365日日割計算） 損害金　年14・5％（年365日割計算） 債務者　△△△△区□□□一丁目1番2号 遺 言 太 郎 抵当権者　△△△△区□□□一丁目1番6号 株 式 会 社 ○ ○ 銀 行

＊　下線のあるものは抹消事項であることを示す。

遺 言 太 郎 ㊞

2 / 3

150

別紙2

遺言太郎 ㊞

3 / 3

上記のとおり遺言書保管ファイルに記録されていることを証明する。

令和2年10月10日
○○法務局

遺言書保管官
法務　三郎

Q3-3 自筆証書遺言の検認

自筆証書遺言の検認手続きとは、どのような手続きですか？

遺言書の検認手続き（以下、「検認手続き」という）とは、相続の発生後に「自筆証書遺言」を発見した者またはその保管者が、家庭裁判所に遺言書を提出して、遺言書の偽造などを防止するための手続きです。

検認手続きでは、相続人に対して遺言の存在およびその内容を知らせるとともに、検認日現在における遺言書の形状・加除訂正の状態・日付など遺言書の内容を明確にします。

この検認手続きを済ませていない自筆証書遺言は、法務局の相続登記や金融機関の相続手続きに利用することができません。

なお、検認手続きは「遺言の有効性」を判断する手続ではありませんので、検認手続きを済ませた遺言書であっても法的には無効という可能性もあります。

検認手続きの相続人の出席義務について

検認手続きの申立がなされた場合、すべての相続人に対して、家庭裁判所から検認期日（検認を行う日）に出頭するよう通知がされますが、この検認期日については、申立人以外の相続人に出席義務はありません。

ただし、検認後、遺言の内容が家庭裁判所から通知されるわけではないため、欠席した相続人が遺言の内容を確認したい場合は、管轄の家庭裁判所に対して、別途「遺言書検認調書謄本」（※）を請求する必要があります。

遺言の内容をできる限り早く確認したい場合は、期日に出頭した方が良いでしょう。

(※) 検認手続きについて、以下の事項を記載した家庭裁判所作成の調書の謄本です。（家事事件手続法第211条・家事事件手続規則第114条）
　(1) 事件の表示

(2) 裁判官及び裁判所書記官の氏名

(3) 申立人の氏名又は名称及び住所

(4) 立ち会った相続人その他の利害関係人の氏名及び住所

(5) 検認の年月日

(6) 証人、当事者本人及び鑑定人の陳述の要旨

(7) 証人、当事者本人及び鑑定人の宣誓の有無並びに証人及び鑑定人に宣誓をさせなかった理由

(8) 事実の調査の結果

遺言の検認手続きの申立について

●申立人

・遺言書の保管者

・遺言書を発見した相続人

●申立先

・遺言者の最後の住所地の家庭裁判所

●費用

・遺言書（封書の場合は封書）1通につき収入印紙800円分

・郵便切手（家庭裁判所により金額が異なるため管轄裁判所に要確認）

●申立時の必要書類

① 申立書【資料21】

② 被相続人の出生から死亡までの戸籍（除籍・改製原戸籍）及び相続人全員の戸籍（※）

（※）【相続人が被相続人の第一順位の相続人（子またはその代襲者）の場合】

・被相続人の死亡の記載のある戸籍（除籍・改製原戸籍）謄本

・代襲相続人（孫・ひ孫など）の場合、被代襲者（本来の相続人）の死亡の記載のある戸籍（除籍・改製原戸籍）謄本

・相続人全員の戸籍

【申述人が被相続人の第二順位の相続人（父母・祖父母等）の場合】

・被相続人の出生時から死亡時までのすべての戸籍（除籍・改製原戸籍）謄本

・被相続人の子（その代襲者）で死亡している者がいる場合、その子の出生時から死亡時までのすべての戸籍（除籍・改製原戸籍）謄本

・被相続人の直系尊属に死亡している者（相続人より下の代の直系尊属に限

る（相続人が祖母の場合は父母））がいる場合、その直系尊属の死亡の記載のある戸籍（除籍・改製原戸籍）謄本

・相続人全員の戸籍

【申述人が被相続人の第三順位の相続人（兄弟姉妹およびその代襲者（甥姪など））の場合】

・被相続人の出生時から死亡時までのすべての戸籍（除籍・改製原戸籍）謄本

・被相続人の子（およびその代襲者）で死亡している者がいる場合、その子（及びその代襲者）の出生時から死亡時までのすべての戸籍（除籍・改製原戸籍）謄本

・被相続人の直系尊属の死亡の記載のある戸籍（除籍、改製原戸籍）謄本

・申述人が代襲相続人（甥・姪）の場合、被代襲者（本来の相続人）の死亡の記載のある戸籍（除籍・改製原戸籍）謄本

・相続人全員の戸籍

●検認期日の必要書類等

① 遺言書（保管者が当日に持参します）

② 申立人の印鑑（認印可）

検認後は、相続手続きで当該遺言を利用するにあたって、家庭裁判所に「検認済証明書」を付してもらう必要があるため、検認済証申立を行います（手数料：収入印紙150円分）。

参照条文

（遺言書の検認）

民法第1004条 遺言書の保管者は、相続の開始を知った後、遅滞なく、これを家庭裁判所に提出して、その検認を請求しなければならない。遺言書の保管者がない場合において、相続人が遺言書を発見した後も、同様とする。

2 前項の規定は、公正証書による遺言については、適用しない。

3 封印のある遺言書は、家庭裁判所において相続人又はその代理人の立会いがなければ、開封することができない。

コラム

遺言を勝手に開封すると罰金？

　遺言が封緘されている場合、検認手続の前に開封してはいけません。

　法律上、遺言書を家庭裁判所外で開封した場合、5万円以下の過料が科せられることになっています。

　ただ実際には、過料を科されたというケースは聞いたことがありません。なお、誤って開封してしまった場合も、遺言は無効にはなりません。

（過料）

民法第1005条　前条の規定により遺言書を提出することを怠り、その検認を経ないで遺言を執行し、又は家庭裁判所外においてその開封をした者は、5万円以下の過料に処する。

https://www.courts.go.jp/vc-files/courts/file2/2019_igonsyokennnin_rei.pdf

	受付印		家 事 審 判 申 立 書　事件名（　　遺言書の検認　　）

		（この欄に申立手数料として1件について800円分の収入印紙を貼ってください。） 印　紙 　　　　　　　　　　　　（貼った印紙に押印しないでください。） （注意）登記手数料としての収入印紙を納付する場合は，登記手数料としての収入印紙は貼らずにそのまま提出してください。

収 入 印 紙	円
予納郵便切手	円
予納収入印紙	円

準口頭		関連事件番号　平成・令和　　　年（家　　）第　　　　　　号

○　○　家庭裁判所 　　　　　　御中 令和 ○ 年 ○ 月 ○ 日	申　立　人 （又は法定代理人など） の 記 名 押 印	甲　野　一　郎　㊞

添付書類	※　標準的な申立添付書類については，裁判所ウェブサイトの「手続の概要と申立ての方法」のページ内の「申立てに必要な書類」欄を御覧ください。

申立人	本　籍 （国籍）	（戸籍の添付が必要とされていない申立ての場合は，記入する必要はありません。） ○○　都道府⑲　○○市○○町○丁目○番地
	住　所	〒 ○○○ － ○○○○　　　　　　電話 ○○○（○○○）○○○○ ○○県○○市○○町○丁目○番○号 （　　　　　　方）
	連 絡 先	〒　－ （注：住所で確実に連絡ができるときは記入しないでください。）　電話（　　　） （　　　　　　方）
	フリガナ 氏　名	コ　ウ　ノ　　　イ　チ　ロ　ウ 甲　野　一　郎	昭和 平成 令和 ○ 年 ○ 月 ○ 日生 （　○○　歳）
	職　業	会 社 員

遺言者 ※	本　籍 （国籍）	（戸籍の添付が必要とされていない申立ての場合は，記入する必要はありません。） ○○　都道府⑲　○○市○○町○丁目○○番地
	最 後 の 住　所	〒　－　　　　　　　　　　電話（　　　） 申立人の住所と同じ （　　　　　　方）
	連 絡 先	〒　－　　　　　　　　　　電話（　　　） （　　　　　　方）
	フリガナ 氏　名	コ　ウ　ノ　　　タ　ロ　ウ 甲　野　太　郎	昭和 平成 令和 ○ 年 ○ 月 ○ 日生 （　　　歳）
	職　業	

（注）　太枠の中だけ記入してください。
※の部分は，申立人，法定代理人，成年被後見人となるべき者，不在者，共同相続人，被相続人等の区別を記入してください。

別表第一（1／2）

<table>
<tr><td colspan="3" align="center">申　立　て　の　趣　旨</td></tr>
<tr><td colspan="3">遺言者の自筆証書による遺言書の検認を求めます。</td></tr>
<tr><td colspan="3"></td></tr>
</table>

<table>
<tr><td colspan="3" align="center">申　立　て　の　理　由</td></tr>
<tr><td colspan="3">1　申立人は，遺言者から，平成〇年〇月〇日に遺言書を預かり，申立人の自宅金庫に保管していました。</td></tr>
<tr><td colspan="3">2　遺言者は，令和〇年〇月〇日に死亡しましたので，遺言書（封印されている）の検認を求めます。なお，相続人は別紙の相続人目録のとおりです。</td></tr>
<tr><td colspan="3"></td></tr>
</table>

（別紙）

※ 相続人	本　籍	〇〇 都道府県 〇〇市〇〇町〇丁目〇番地
	住　所	〒 〇〇〇 －〇〇〇〇　〇〇県〇〇市〇〇町〇番〇号　〇〇アパート〇〇号室　（　　　　　方）
	フリガナ 氏　名	コウノ　ジロウ　甲　野　次　郎　／ 昭和・平成・令和 〇 年 〇 月 〇 日 生（　〇　歳）
※ 相続人	本　籍	〇〇 都道府県 〇〇郡〇〇町〇〇××番地
	住　所	〒 〇〇〇 －〇〇〇〇　〇〇県〇〇郡〇〇町〇〇××番地　（　　　　　方）
	フリガナ 氏　名	オツノ　ハナコ　乙　野　花　子　／ 昭和・平成・令和 〇 年 〇 月 〇 日 生（　〇　歳）
※		

Q3-4 公正証書遺言の調査方法

公正証書遺言があるか不明な場合、どのように調べたらよいでしょうか？

公正証書遺言のうち、昭和64年（平成元年）1月1日以降に作成されたものについては、全国の公証役場でデータベース化されているため、最寄りの公証役場において、相続人や受遺者から照会をかけて調査をすることができます（手数料は無料です）。照会結果については、【資料22】をご参照ください。

なお、昭和64年（平成元年）1月1日より前に作成された公正証書遺言の調査については、当該遺言を作成した公証役場に直接照会をする必要があります。

（※）公正証書遺言の照会調査は、郵送やFAXではできません。

【照会調査の請求ができる人】

・法定相続人、受遺者、遺言執行者、その他利害関係人

【相続人が公正証書遺言の検索（謄本請求）をする場合の必要書類等】

1. 遺言者の死亡の記載がある戸籍（除籍）
2. 遺言者と請求者の相続関係（続柄）が証明できる戸籍
3. 請求者の本人確認資料（運転免許証・マイナンバーカード等）
   または「相続人の実印と印鑑証明書（発行から3か月以内のもの）」
4. 請求者の認印

（※）1. および2. の証明書に代えて「法定相続情報証明一覧図の写し」でも可。

（※）相続人以外の者が請求をする場合は、公証役場に直接お問い合わせください。

（※）2019年4月1日より、公正証書遺言の「作成公証役場」「作成年」「証書番号」が判明している場合であれば、謄本請求および受領を郵送で行うことができるようになりました。【資料23】

〈遺言が見つかった場合〉

令和○年○月○日

○○○○様

○○公証役場
公証人○○○○

遺言検索システム照会結果通知書

　あなたから照会のあったご本人様に係る公正証書遺言の有無を調査した結果は次のとおりですので通知します。

記

　日本公証人連合会で運営する遺言検索システムに登録されており、その内容は次のとおりです。
1　　遺言作成日　　　平成○年○月○日
　　　証書番号　　　　平成○年第○○　　　号
　　　遺言作成役場　　○○公証役場
　　　所在地　　　　　○○区○○○○○

　　　　　　　　　　　（TEL ○○-○○○○-○○○○）
　　　作成公証人　　　○○○○

以　上

〈遺言が見つからなかった場合〉

令和〇年〇月〇日

〇〇〇〇様

公証役場
公証人

遺言検索システム照会結果通知書

　あなたから照会のあった〇〇〇〇様に係る公正証書遺言の有無を調査した結果は次のとおりですので通知します。

記

　あなたから提供された下記資料に基づいて、日本公証人連合会で運営する遺言検索システムにより検索しましたが、〇〇〇〇様の遺言公正証書は見当たりませんでした。
　（なお、遺言検索システムには、平成元年以降（東京地区については昭和56年）になされた遺言についてのみ記録されており、それ以前の分は記録されていません。）

　□ 遺言者ご本人の死亡事項の記載のある除籍謄本
　□ あなたと遺言者ご本人との続柄がわかる戸籍謄本（全部事項証明）
　□ その他資料（　　　　　　　　　　　）

以　上

2019.4.1〜

郵送による公正証書の謄本交付請求方法

（1）最寄りの公証役場で「公正証書謄本交付申請書」の署名認証を受ける

- 当該認証に必要となる書類は、窓口での公正証書謄本交付請求時と同じです。
- ２，５００円の認証費用が必要です。
- 請求対象の公正証書の作成年・証書番号等が不明である場合は認証できません。
  （遺言公正証書の場合は遺言検索の手続を先行して行います。）

（2）請求先の公証役場宛に郵送にて謄本交付請求を申請する

- 郵送方法はレターパック限定（プラス(赤)・ライト(青) どちらでも可）です。
- レターパックに入れて郵送する書類は下記のとおりです。

> ① 上記(1)で署名認証を受けた「公正証書謄本交付申請書」
> ② 上記(1)の際の必要書類すべて（免許証等を除きすべて原本）
> 　※原本の還付を希望する場合はその旨を記したメモ等を要同封
> ③ 返送用レターパック（プラス(赤)が望ましい。返送先の住所・氏名及び電話
> 　番号を要記入。）

（3）請求先の公証役場からの電話連絡に従い、謄本交付手数料を支払う

- 手数料は謄本の紙枚数により異なります（＠２５０円×枚数×通数）。
- 請求内容等について、請求先の公証役場から問い合わせがある場合があります。

（4）公正証書謄本及び領収書が郵送で届く

- 上記(2)③の返送用レターパックにて届きます。
- 上記(3)の手数料の入金確認が取れた後の発送となります。

【注意事項】

　請求者に謄本請求の権限があるか否かは、署名認証を行う「最寄りの公証役場の公証人」ではなく、請求対象の公正証書の原本を保管している「請求先の公証役場の公証人」が判断します。

　従って、判断結果によっては謄本請求が認められず、公正証書の謄本が入手できない可能性もあります。

（加古川公証役場）

162

Q3-5 ― 貸金庫の調査

貸金庫はどのように調査すればよいでしょうか？

被相続人が、貸金庫の契約をしていた場合は、対象の金融機関に貸金庫の開扉請求を行い、金庫内の内容物を確認、回収することになります。

相続財産の調査の中でも貸金庫の調査は、優先的に行った方が良いでしょう。

なぜなら、相続人の間で遺産分割協議が成立していたとしても、後日、貸金庫内から遺言が発見され、当該遺言の内容として、第三者への遺贈などが記載されていた場合、遺産の承継について根本的な変更を余儀なくされる可能性があるからです。

なお、通常、貸金庫の開扉については、預貯金の残高証明等とは異なり、相続人1人からの請求では認められません。

【事実実験公正証書の利用】

貸金庫を開扉する際は、必要に応じて「事実実験公正証書」を利用すると良いでしょう。

事実実験公正証書とは、公証人が直接見聞（実体験）した事実が記載された公正証書を作成する手続であり、証拠の保全機能があります。

相続人同士の関係性が良くないケースにおいて、相続人の1人が代表して貸金庫を開扉する場合は、事実実験公正証書を利用することで、後々、内容物の有無などについてトラブルが生じることを防止できます。

【事実実験公正証書を利用する場合の費用】

・公正証書作成基本料　　事実実験、その録取、記載（出張の場合は移動時間）に要した時間1時間毎に11,000円
・原本超過枚数加算　　　5枚目以降、1枚につき250円
・謄　本　費　用　　　　1枚につき250円

- 出 張 日 当　　　　4時間以内10,000円、4時間を超えると20,000
　　　　　　　　　　　円
- 交 通 費 実 費　　　　事案による
　（※）公証人が休日または営業時間外に出張して対応をする場合は、作成基本料の
　　　　半額が加算されます（休日等加算）。

Q3-6 ── 預貯金の調査

預貯金の財産調査はどのように進めたらよいでしょうか？

　預貯金の調査は、基本的に、被相続人が持っていた通帳などから調査を
します。

　被相続人の通帳などが確認できない場合は、クレジットカードや公共料
金の請求書、年金の受取口座などをチェックすると良いでしょう。

　なお、ゆうちょ銀行の場合は「現存照会」という手続きを利用すること
で、被相続人名義の貯金口座、保険、国債等の有無がすべて確認できま
す。

　ただし、氏名と住所で特定をすることになりますので、相続開始の何年
か前に住所を変更している場合は、現住所だけでなく旧住所でも照会をか
ける必要があります。

　被相続人の所有口座が特定できた段階で、順次、「残高証明書」と「取
引履歴」を取得します（取引履歴は、生前贈与の調査との関係から、必要
に応じて相続開始日前の3年～10年分を取得します）。

　取引履歴を確認することで、生前贈与の有無以外にも、入出金の情報か
ら他の金融資産や保険契約などが特定できることがあります。

　残高証明書については、通常、被相続人の相続財産を確定させるために
「相続開始日の残高証明書」を取得しますが、ケースによっては「実際に
請求をした日の残高証明書」もあわせて取得することもあります。

理由としては、相続開始後に引き出された（引き落とされた）金額を早期に確認することができるからです。

　相続の開始直後は、口座が凍結されていないため、葬儀費用や同居していた親族の生活費が引き出されていることや、他の相続人が故意に多額の金銭を引き出していることもあります。

　そのようなケースにおいて、相続開始時の残高証明書に記載された金額が口座に残っていることを前提に遺産分割協議をしてしまうと、後々トラブルに発展してしまう可能性が高いので注意が必要です。

【残高証明・取引履歴の請求】

　一般的に、金融機関に対して以下の書類等を提出することで、残高証明と取引履歴を発行してもらえます。

　ただし、金融機関によって取扱いが若干異なるケースもありますので、対象の金融機関に事前に確認をした方が良いでしょう。

　なお、預貯金の残高調査や取引履歴の開示は、相続人の１人から可能です。

必要書類等

- ・請求書（金融機関によって様式が異なりますので、直接、金融機関に請求してください）
- ・被相続人の死亡が確認できる戸籍（除籍）
- ・請求者が相続人であることが確認できる戸籍
- ・請求者の印鑑証明書（有効期限は要確認）
- ・請求者の本人確認資料（運転免許証など）
- （※）司法書士などが代理で請求する場合は、実印で押印した委任状が必要です。

◎残高証明書の注意点

　残高証明書の請求をすると相続が起きた事実が金融機関側にも共有されますので、口座が凍結されることになります。

口座が凍結されると自動引落しなどができなくなりますので、自動引落しで支払っているものがある場合は、事前に引落口座または支払方法の変更をする必要があります。

Q3-7 ── 不動産の調査

　不動産の調査は、どのように進めればよいでしょうか？

　不動産については、通常、以下の３つの方法で調査を行い、特定した不動産の登記事項証明書の取得または登記情報提供サービス（※）を利用して権利関係等を確認します。

> （※）一般財団法人民事法務協会が提供している、登記所（法務局）が保有する登記情報をインターネットを使用してパソコンの画面上で確認できる有料サービスです。
>
> 　　　詳細は、運営サイト（https://www1.touki.or.jp/gateway.html）をご確認ください。

① 被相続人宛に届いている「固定資産税納税通知書」を確認する。

　被相続人が不動産を所有していた場合、当該不動産の所在する市区町村から「固定資産税納税通知書」（以下、「納税通知書」という）が送付されるため、相続財産となる不動産を特定することができます。【資料24】

　ただし、以下の点には注意が必要です。

・納税通知書は、その年の１月１日現在の所有者に対して送付されるため、亡くなった年の途中で取得した不動産の納税通知書は、翌年まで送付されません。

・不動産が共有名義の場合には、納税通知書は、原則、共有者全員ではなく代表者に対してのみ送付されるため、他の共有者には送付されません。

・同一市町村内において、被相続人が所有していた不動産などにかかる

固定資産税の課税標準額の合計が、以下の金額に満たない場合は、原則、納税通知書は送付されません（固定資産税が課せられないため）。

土地：30万円

家屋：20万円

参照条文
（固定資産税の免税点）

地方税法第351条　市町村は、同一の者について当該市町村の区域内におけるその者の所有に係る土地、家屋又は償却資産に対して課する固定資産税の課税標準となるべき額が土地にあつては30万円、家屋にあつては20万円、償却資産にあつては150万円に満たない場合においては、固定資産税を課することができない。ただし、財政上その他特別の必要がある場合においては、当該市町村の条例の定めるところによつて、その額がそれぞれ30万円、20万円又は150万円に満たないときであつても、固定資産税を課することができる。

■【資料24】課税明細書の見方

（以下、横浜市財政局主税部のHPより引用）

https://www.city.yokohama.lg.jp/kurashi/koseki-zei-hoken/zeikin/koteishisan-toshikeikakuzei/kazeimeisai-check.

files/0026_20200330.pdf

課税明細書の見方 ① 土地の場合

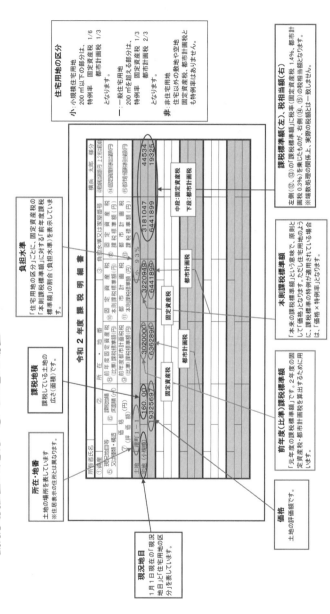

所有者氏名

① 現況

② 課税地積

③ 固定資産税

⑥ 固定資産税

④ 固定資産税

⑩ 固定資産税

所在・地番
土地の場所を表しています
※住所表示の住所とは異なります。

課税地積
課税している土地の広さ（面積）です。

負担水準
「住宅用地の区分」ごとに、固定資産税の「本則課税標準額」に対する「前年度課税標準額」の割合（負担水準）を表示しています

令和 2 年度課税明細書

現況地目
1月1日現在の「現況地目」と「住宅用地の区分」を表しています。

前年度（比準）課税標準額
「元年度の課税標準額」です。2年度の固定資産税・都市計画税を算出するために用います。

本則課税標準額
「本来の課税標準額」という意味で、原則として「価格」となります。ただし住宅用地のように、課税標準の特例が適用されている場合は「価格×特例率」となります。

価格
土地の評価額です。

住宅用地の区分

小・小規模住宅用地
200 ㎡以下の部分が、
特例率　固定資産税　1/6
　　　　都市計画税　1/3
となります。

一：一般住宅用地
200 ㎡を超える部分は、
特例率　固定資産税　1/3
　　　　都市計画税　2/3
となります。

非：非住宅用地
固定資産税の敷地や空地も特例率はありません。

課税標準額（左）、税相当額（右）
右側（⑫、⑬）の「課税標準額」に税率（固定資産税 1.4%、都市計画税 0.3%）を乗じたものが、右側（⑨、⑮）の税相当額となります。
※端数処理の関係上、実際の税額とは一致しません。

168

課税明細書の見方 ② 家屋の場合

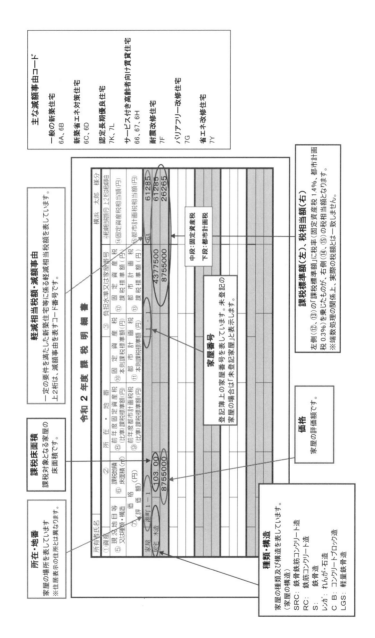

所在・地番
家屋の場所を表しています
※住居表示の住所とは異なります。

課税床面積
課税対象となる家屋の床面積です。

軽減相当税額・減額事由
一定の要件を満たした新築住宅等に係る軽減相当税額を表しています。上2桁は、減額事由を表すコード番号です。

主な減額事由コード

一般の新築住宅
6A、6B

新築省エネ対策住宅
6C、6D

認定長期優良住宅
7K、7L

サービス付き高齢者向け賃貸住宅
6G、67、6H

耐震改修住宅
7F

バリアフリー改修住宅
7G

省エネ改修住宅
7Y

令和2年度 課税明細書

横浜 太郎 様分

家屋番号
登記簿上の家屋番号を表しています。未登記の家屋の場合は「未登記家屋」と表示されます。

価格
家屋の評価額です。

種類・構造
家屋の種類及び構造を表しています。
（家屋の種類）
SRC：鉄骨鉄筋コンクリート造
RC：鉄筋コンクリート造
S：鉄骨造
レンガ：れんが・石造
CB：コンクリートブロック造
LGS：軽量鉄骨造

中段:固定資産税
下段:都市計画税

課税標準額（左）、税相当額（右）
左側の⑫、⑬の「課税標準額」に税率（固定資産税 1.4%、都市計画税 0.3%）を乗じたものが、右側の⑭、⑮の税相当額となります。
※端数処理の関係上、実際の税額とは一致しません。

169

https://www.city.yokohama.lg.jp/kurashi/koseki-zei-hoken/zeikin/koteishisan-toshikeikakuzei/koteishisan-toshikeikakuzei/kazeimeisai-check.files/0028_20200330.pdf

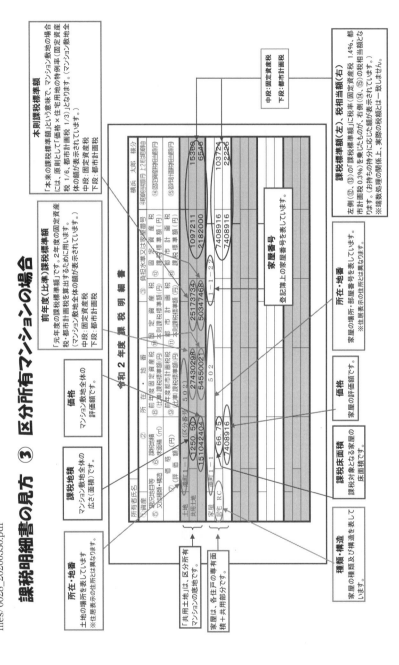

課税明細書の見方 ③ 区分所有マンションの場合

170

② 不動産の所在地を管轄する市区町村役場（東京23区の場合は都税事務所）に対して、被相続人名義の名寄帳（なよせちょう）（固定資産課税台帳）を取得して確認する。

名寄帳（固定資産課税台帳）には、同一市区町村内に被相続人が所有していた不動産の一覧が記載されるため、相続人が認識していなかった不動産が判明することもあります。【資料25】

ただし、一部の市区町村においては、非課税の不動産（公衆用道路など）が記載されないこともあるため、請求にあたっては、事前に市区町村に証明対象となる不動産について確認をした方が良いでしょう。

③ 不動産を取得した際の権利証（登記済証）や登記識別情報通知を確認する。

被相続人が不動産を取得した際の権利証（登記済証）や登記識別情報通知（以下、「権利証等」という）は、相続開始後においては、不動産の売買や抵当権の設定などには利用はできませんが、財産調査の重要な資料になります。【資料26・27】

なぜなら、権利証等には、被相続人が取得した不動産（登記されているものに限る）が、非課税の土地なども含めてすべて記載されているからです。

名寄帳に記載されていない不動産が、権利証等から判明したケースもありますので、相続人から提供をしてもらえる場合は、確認をした方が良いでしょう。

見 本

令和 2 年度　土 地 ・ 家 屋 名 寄 帳

事務所	20					旧氏名コード　新氏名コード　CD		作成日	頁
						氏名コード　　　CD		令和○○年○月○日	1/
所有者	住所	○○○-○○○○ ○○区△△町○○-○○-○○				氏名コード　　5		備 考	
納税管理人等住所	住所					口座振替			

課税	税目	土 地 円	家 屋 円	計 円		年 税 額 円	家屋軽減額 円	土地軽減額 円	調整額・免除	納付税額 円	期 別 税 額 円	
	固定資産税	4,088,391	1,052,700	5,141,000	税相当固定資産税	71,900	0	0	0	99,500	1 期	27,500
											3 期	-3,300
											1 期	24,000
標準	都市計画税	8,176,782	1,052,700	9,229,000	都市計画税	27,600	0		0	-12,300	4 期	-3,000
									12,300	87,200	2 期	21,000

摘要　都計軽減

土地筆数　2　共用土地　　　　　　　　　　　筆　家屋個数　1 個

土地の所在	登記地目 現況地目 非課税地目	登記地積 ㎡ 現況地積 ㎡ 非課税地積 ㎡	価 格 固定資産税課税標準額 都市計画税課税標準額	小規模地積 ㎡ 非住宅地積 ㎡	負担水準(%) 固定 都計	摘 要
			21,357,680			
△△町○○番○○	宅地	99.63	3,559,613	99.63	100	都市計画軽減
	宅地	99.63	3,559,613	7,119,226	100	小規模住宅用地
			7,119,226	10,679		
			10,678			
△△町○○番○○	宅地	14.80	3,172,670	528,778	100	都市計画軽減
	宅地	14.80	528,778	1,057,556	100	小規模住宅用地
			1,057,556	1,586		
			1,586			

家屋の所在	区分家屋 物件番号	家 屋 番 号	種類・用途 構造 建築年次	構造 屋根 階数	地上 地下	登記床面積 ㎡ 現況床面積 ㎡	価 格 固定資産税課税標準額 都市計画税課税標準額	減額税額(固) 固定資産税相当額(固) 減額税額(都)	摘 要
△△町○○番○○		○○-○○	居宅 昭和○○年	木造 亜鉛メ	2 0	103.10 103.10	1,052,700 1,052,700	14,737 3,157	

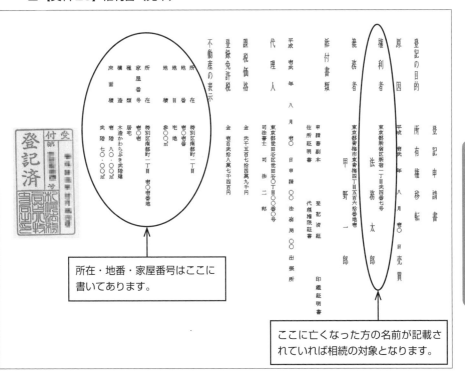

不動産の表示

登録免許税　金　壱百弐拾八萬七千四百円

課税価格　金　弐千五百七拾四萬九千円

代理人　東京都世田谷区世田谷〇丁目〇〇番〇号
　　　　司法書士　司　法　二　郎

平成〇弐年　八　月　〇〇　日申請　〇〇　法　務　局　〇〇　出　張　所

添付書類　申請書副本　　　登記済証
　　　　　住所証明書　　　代理権限証書
　　　　　　　　　　　　　印鑑証明書

義務者　東京都青梅市東青梅四丁目五百六拾番地壱
　　　　甲　野　一　郎

権利者　東京都新宿区新宿一丁目弐百四番七号
　　　　法　務　太　郎

原因　平成〇弐年　八　月　〇〇　日売買

登記の目的　所有権移転

登　記　申　請　書

所在・地番・家屋番号はここに書いてあります。

ここに亡くなった方の名前が記載されていれば相続の対象となります。

所在　特別区南都町一丁目
地番　壱〇壱番
地目　宅地
地積　参〇〇㎡
所在　特別区南都町一丁目壱〇壱番地
家屋番号　壱〇壱番
種類　居宅
構造　木造かわらぶき弐階建
床面積　壱階　八〇・〇〇㎡
　　　　弐階　七〇・〇〇㎡

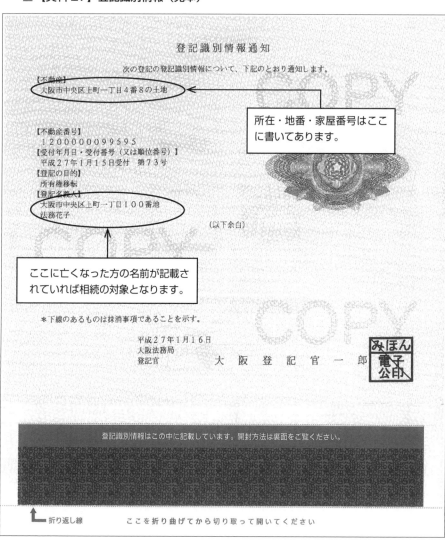

登記識別情報通知

次の登記の登記識別情報について、下記のとおり通知します。

【不動産】
大阪市中央区上町一丁目4番8の土地

所在・地番・家屋番号はここ
に書いてあります。

【不動産番号】
1200000099595
【受付年月日・受付番号（又は順位番号）】
平成27年1月15日受付　第73号
【登記の目的】
所有権移転
【登記名義人】
大阪市中央区上町一丁目100番地
法務花子

（以下余白）

ここに亡くなった方の名前が記載さ
れていれば相続の対象となります。

＊下線のあるものは抹消事項であることを示す。

平成27年1月16日
大阪法務局
登記官　　　　大　阪　登　記　官　一　郎

みほん
電子
公印

登記識別情報はこの中に記載しています。開封方法は裏面をご覧ください。

└ 折り返し線　　　ここを折り曲げてから切り取って開いてください

◎登記事項証明書（登記簿謄本）の請求方法

　登記事項証明書は、土地については「地番」、建物については「家屋番号」ごとにあります。

　よって、相続対象の不動産が、複数の地番や家屋番号に分かれている場合、そのすべてを取得することになります。

　登記事項証明書を請求する際に必要となる「登記事項証明書交付請求書」の記入例は【資料28】のとおりです。

　なお、請求の際、「共同担保目録」の欄に ☑ を入れることで、当該不動産に抵当権などの担保権が設定されている場合、担保入れしている他の所有不動産が判明することもありますので、あわせて請求しましょう（追加料金はかかりません）。

◎取得した登記事項証明書（登記簿謄本）の確認方法

　土地・建物・敷地権付区分建物（マンションなど）の登記事項証明書の確認方法は【資料29】をご参照ください。

　なお、特に注意して確認する情報は、以下のとおりです。

・不動産の表示（地番、家屋番号など）が正確に一致しているか
・土地や建物の名義人が亡くなった方になっているか
・共同担保目録に取得した不動産以外の土地や建物がないか
・被相続人の所有していた持分が、すべて（単有）か一部（共有）のどちらか

申請する人の住所と氏名を書きます。

不動産用

登記事項証明書 登記簿謄本・抄本 交付請求書

1通につき600円の収入印紙

※太枠の中に記載してください。

窓口に来られた人（請求人）	住所 東京都新宿区新宿一丁目2番3号
	フリガナ ホウム イチロウ
	氏名 法務 一郎

収入印紙欄

収入印紙

※地番・家屋番号は，住居表示番号（○番○号）とはちがいますので，注意してください。

種別(✓印をつける)	郡・市・区	町・村	丁目・大字字	地番	家屋番号又は所有者	請求通数
1 ✓土地	特別区	南都町	一丁目	101番		1
2 □建物						
3 □土地	特別区	南都町	一丁目	101番地	101番	1
4 ✓建物						
5 □土地						
6 □建物						
7 □土地						
8 □建物						
9 □財団（□目録付）□船舶□その他						

収入印紙

請求通数は1通ずつで問題ありません。

収入印紙は割印をしないでここに貼ってください（登記印紙も使用可能）

※共同担保目録が必要なときは，以下にも記載してください。
次の共同担保目録を「種別」欄の番号 番の物件に付ける。
✓ 現に効力を有するもの □ 全部（抹消を含む） □ （ ）第 号

※該当事項の□に✓印をつけ，所要事項を記載してください。
✓ 登記事項証明書・謄本（土地・建物）
✓ 専有部分の登記事項証明書・抄本（マンション名 ）
　□ ただし，現に効力を有する部分のみ
□ 一部事項証明書・抄本（次の項目 ）
　共有者
□ 所有者事項証明書（所有者・共有者 ）
　□ 所有者　　□ 共有者
□ コンピュータ化に伴う閉鎖登記簿
□ 合筆，滅失などによる閉鎖登記簿・記録（昭和/平成 年 月 日閉鎖）

共同担保目録をつけるためにチェックを入れます。なお，共同担保目録自体がない場合もあります。

交付通数	交付枚数	手数料	受付・交付年月日

(乙号・1)

ここにチェックを入れます。

■ 【資料29】登記事項証明書（土地）

不動産の表示（地番など）が書かれています。

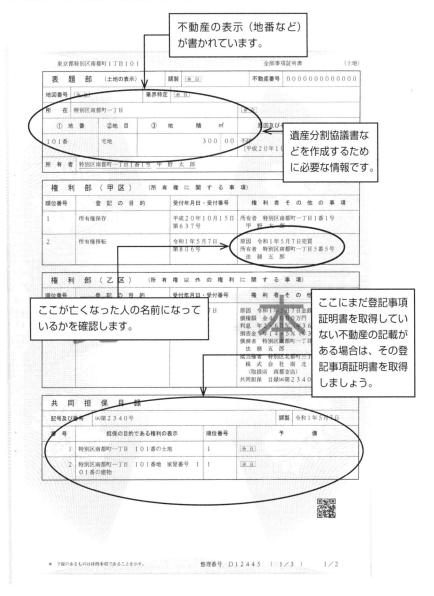

東京都特別区南都町1丁目101　　　　　　　　　　　全部事項証明書　　（土地）

| 表　題　部　（土地の表示）| 調製 |余白| 不動産番号 | 0000000000000 |

地図番号 |余白|　　　　　　　　　筆界特定 |余白|

所　在　特別区南都町一丁目　　　　　　　　　　　　　　|余白|

| ①　地　番 | ②地　目 | ③　地　　積　　㎡ | 原因及び |

| 101番 | 宅地 | 300：00 | 不　　（平成20年10 |

所 有 者　特別区南都町一丁目1番1号　甲　野　太　郎

遺産分割協議書などを作成するために必要な情報です。

| 権　利　部　（甲　区）　　（所　有　権　に　関　す　る　事　項）|

順位番号	登　記　の　目　的	受付年月日・受付番号	権　利　者　そ　の　他　の　事　項
1	所有権保存	平成20年10月15日 第637号	所有者　特別区南都町一丁目1番1号 甲　野　太　郎
2	所有権移転	令和1年5月7日 第806号	原因　令和1年5月7日売買 所有者　特別区南都町一丁目5番5号 法　務　五　郎

| 権　利　部　（乙　区）　　（所　有　権　以　外　の　権　利　に　関　す　る　事　項）|

順位番号	登　記　の　目　的	受付年月日・受付番号	権　利　者　そ　の　他
		日	原因　令和1年5月7日金銭 債権額　金4000万円 利息　年2・6％（年36 損害金　年14・5％（年3 債務者　特別区南都町一丁 法　務　五　郎 抵当権者　特別区南都町三丁 株　式　会　社　南　北 （取扱店　南都支店） 共同担保　目録㈹第2340

ここが亡くなった人の名前になっているかを確認します。

ここにまだ登記事項証明書を取得していない不動産の記載がある場合は、その登記事項証明書を取得しましょう。

| 共　同　担　保　目　録 |

| 記号及び番号 | ㈹第2340号 | | 調製　令和1年5月7日 |

番　号	担保の目的である権利の表示	順位番号	予　　　備
1	特別区南都町一丁目　101番の土地	1	余白
2	特別区南都町一丁目　101番　家屋番号1 01番の建物	1 1	余白

＊　下線のあるものは抹消事項であることを示す。　　整理番号　D12445　（1/3）　　1/2

登記事項証明書（建物）

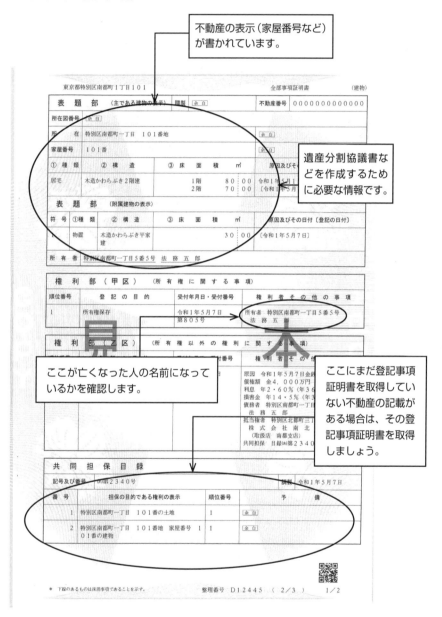

不動産の表示（家屋番号など）が書かれています。

遺産分割協議書などを作成するために必要な情報です。

ここが亡くなった人の名前になっているかを確認します。

ここにまだ登記事項証明書を取得していない不動産の記載がある場合は、その登記事項証明書を取得しましょう。

178

登記事項証明書（敷地権付区分建物（マンションなど））

専有部分の家屋番号	3−1−101　3−1−102　3−1−201　3−1−202			

表　題　部　（一棟の建物の表示）	調製	余白	所在図番号	余白

所　在	特別区南都町一丁目　3番地1		余白
建物の名称	ひばりが丘一号館		余白

① 構　造	② 床　面　積　㎡	原因及びその日付〔登記の日付〕
鉄筋コンクリート造陸屋根2階建	1階　　300：60 2階　　300：40	〔令和1年5月7日〕

表　題　部　（敷地権の目的である土地の表示）					
①土地の符号	② 所 在 及 び 地 番	③地目	④ 地　積　㎡		登　記　の　日　付
1	特別区南都町一丁目3番1	宅地	350：76		令和1年5月7日

表　題　部　（専有部分の建物の表示）			不動産番号	0000000000000
家屋番号	特別区南都町一丁目　3番1の101		余白	
建物の名称	R10		余白	

① 種　類	② 構　造	③ 床　面　積　㎡	原因及
居宅	鉄筋コンクリート造1階建	1階部分　　150：42	令和1年 〔令和1年

> 遺産分割協議書などを作成するために必要な情報です。

表　題　部　（敷地権の表示）			
①土地の符号	② 敷地権の種類	③ 敷 地 権 の 割 合	原因及びその日付〔登記の日付〕
1	所有権	4分の1	令和1年5月1日敷地権 〔令和1年5月7日〕

所　有　者	特別区東都町一丁目2番3号　株　式　会　社　甲　不　動　産

権　利　部　（甲区）　　（所有権に関する事項）			
順位番号	登　記　の　目　的	受付年月日・受付番号	権利者その他の事項
1	所有権保存	令和1年5月7日 第771号	原因　令和1年5月7日売買 所有者　特別区南都町一丁目1番1号 甲　野　一　郎

> ここが亡くなった人の名前になっているかを確認します。

権　利　部　（乙区）　　（所有権以外の権利に関する事項）			
順位番号	登　記　の　目　的	受付年月日・受付番号	権利者その他の事項
1			原因　令和1年5月7日金銭消費貸借同日設定 債権額　金4,000万円 利息　年2・60％（年365日日割計算） 損害金　年14・5％（年365日日割計算） 債務者　特別区南都町一丁目1番1号 甲　野　一　郎 抵当権者　特別区北都町三丁目3番3号 株　式　会　社　南　北　銀　行

＊　下線のあるものは抹消事項であることを示す。　　整理番号　D12445　（3/3）　　1/2

Q3-8 ── 株式の調査

株式の調査は、どのようにしたらよいでしょうか?

　被相続人が証券会社で口座を開設していた場合、証券会社から「取引残高報告書」、「保有有価証券残高報告書」などの書類が定期的に送付されてきますので、当該証券会社に対して、残高証明書の発行請求をして、保有銘柄や株数を確認します。

　取引をしていた証券会社が不明な場合は、株式会社証券保管振替機構（実務上「ほふり」と略称で呼ばれることが多いです）に対して「登録済加入者情報開示請求」を行うことで、被相続人が口座を開設していた証券会社、信託銀行等の名称等の情報が確認できます。【資料30】

　なお、被相続人が、相続開始の何年か前に住所を変更している場合は、現住所と旧住所のいずれの住所でも照会をかけた方が良いでしょう（その場合、旧住所を証明するために戸籍の附票等が必要です）。

　開示請求の手続きの詳細については、公式サイトでご確認ください。

　http://www.jasdec.com/

　証券会社等が特定できた段階で「残高証明書」を請求します。

　残高証明書の請求にあたっては、通常、対象の証券会社に対して以下の書類を提出して行います（預貯金の手続きと同様に、相続人の1人から請求可能です）。

【必要書類】

・請求書（証券会社によって様式が異なりますので、直接、証券会社に請求してください。）
・被相続人の死亡が確認できる戸籍（除籍）
・請求者が相続人であることが確認できる戸籍
・請求者の印鑑証明書（有効期限は要確認）

・本人確認資料

　司法書士などが代理で請求する場合は、実印で押印した委任状が必要です。

■【資料 30】登録済加入者情報開示請求書

http://www.jasdec.com/download/ds/certificate/kaiji/seikyusyo2.pdf

2020 年 1 月 24 日版

1/2 ページ

記載例

登録済加入者情報開示請求書

【相続人（又は相続人の代理人）用】

2020 年 1 月 24 日

株式会社証券保管振替機構　御中

　私（請求者）は、開示請求の対象者（株主）の口座の開設先の情報（担保取引に係る口座の情報が
ある場合には、当該口座の情報を含む。）に係る登録済加入者情報の開示を請求します。また、私は、
この手続きを行うに当たり、貴社の定める手続方法（開示費用の支払いを含む。）に従い、開示情報の
取扱いに一切の責任を持つことを誓約します。
　なお、本件に関連して発生した争いについては、当事者間で解決することとし、貴社には一切の迷
惑をかけません。また、貴社が私に情報を開示したことに起因して、貴社に損害が生じた場合には、
すべて私が貴社に対してその賠償をいたします。

請求者

■1. 請求者の 氏名又は名称	(ﾌﾘｶﾞﾅ) ホフリ　タロウ 保振　太郎	印 (認印)
■2. 請求者の住所 （結果郵送先）	〒103-0025 東京都中央区日本橋茅場町二丁目 1 番 1 号	
■3. 請求者の 電話番号	03 （ 1234) 5678　（請求者が法人、弁護士等の場合）担当者名（　　　　　　） ※ 平日 9：00～17：00 に連絡のとれる電話番号をご記入ください。	
備考		

相続人

■4. 相続人の 氏名又は名称	(ﾌﾘｶﾞﾅ) 同上 ※ 請求者と相続人が同一の場合には、「同上」とご記載ください。
■5. 株主（被相続 人）との続柄	子 ※例：子、親、兄、弟 等

次ページをご記入いただく際の留意事項

○「6. 株主の氏名又は名称」及び「8. 株主の住所」は、<u>本人確認書類等（議決権行使書、配当
金計算書等を含む。）どおりにご記入ください。</u>弊社は、これらの記載に基づいて調査します。

182

【開示請求の対象者となる株主（被相続人）の情報記入欄】

■6. 株主（被相続人）の氏名又は名称
お調べされたい氏名又は名称（法人名称を含む。）をご記入ください。
現姓・旧姓両方で請求する場合は姓ごとに1枚ずつ開示請求書をご記入ください。

(フリガナ)ホフリ　ハナコ

保振　花子

■7. 株主（被相続人）の生年月日	□明治 ☑大正 □昭和 □平成	10 年	2 月　2 日

■8. 株主（被相続人）の住所
各々の住所につき、住所の確認書類として本人確認書類等（議決権行使書、配当金計算書等を含む。）をご提出ください。戸籍の本籍欄の記載（本籍地）では、住所の確認書類とすることはできません。

		開示費用（税込）	機構使用欄 該当有	機構使用欄 該当無
①	東京都中央区日本橋茅場町二丁目1番1号	6,050 円		
②		1,100 円 計 7,150 円		
③		1,100 円 計 8,250 円		
④		1,100 円 計 9,350 円		
機構使用欄　法務局発行の法定相続情報一覧図の利用　有		−1,100 円 計　　円		

機構使用欄		

------- 切り取り線 -------

【郵送先】
封筒の宛名には、右のラベルを切り取って貼付してください。

〒103-0025
日本橋茅場町郵便局留

東京都中央区日本橋茅場町2丁目1番1号

株式会社証券保管振替機構
開示請求事務センター　行

Q3-9 株券電子化未対応の株式・単元未満株

株式（株券電子化に未対応の株式・単元未満株）の調査は、どのようにしたらよいでしょうか？

　株券の電子化の際に移行の手続きをしなかった株式（いわゆるタンス株）や単元未満株（最低売買単位である1単元の株数に満たない株式）については、証券会社ではなく株式発行会社の「特別口座」（※）で管理がされているため、証券会社からの「取引残高報告書」などからは判明しません。

　この場合、株式会社証券保管振替機構に対して「登録済加入者情報開示請求」を行い、特別口座を管理している信託銀行等を特定したうえで、当該信託銀行等に対して、残高証明書を請求します。

　なお、特別口座の存在は、株主となっている会社からの株主総会招集通知が届くことや配当の支払通知書等の情報などから判明するケースもあります。

>　（※）特別口座とは、株券の電子化（平成21年1月5日株式等決済合理化法により実施）に伴い、株式会社証券保管振替機構に預託していない株や単元未満株を管理するために、株式発行会社が、信託銀行などの金融機関（株主名簿管理人である信託銀行など）に開設する口座です。

【上場会社ではない会社の場合】

　上場会社ではない会社の場合、株主の情報（保有株式数など）については、当該会社のみが把握しているケースがほとんどのため、直接問い合わせをする必要があります。

　その際、株式を保有していた事実を確認できる書類（原始定款・株券・株主名簿・株式譲渡契約書など）があれば、手元に準備をしておきましょう。

Q3-10 借入債務（借金）の調査

借入債務（借金）などの調査は、どのようにしたらよいでしょうか？

借入債務（借金）については、被相続人名義の預貯金や契約書などをもとに調査します。

また、自宅や投資不動産のローン残高や税金関係については、被相続人宛の郵送物などをチェックしましょう。

なお、被相続人の債務が不明な場合は、以下の信用情報機関（※）に対して開示請求を行うことで、銀行や貸金業者からの借入れ状況等が判明します（闇金や個人からの借入れは判明しません）。

開示請求手続きを行う場合、「①株式会社シー・アイ・シー」および「②株式会社日本信用情報機構」についてはネットで手続きが可能ですが、「③一般社団法人全国銀行協会」については、郵送での手続きのみ受付けています（詳細は、各信用情報機関の公式サイトでご確認ください）。

（※）加盟している銀行、貸金業者、信販会社などに対して、貸付・クレジットカードの利用状況を提供する機関です。

【信用情報機関】

① 株式会社シー・アイ・シー（割賦販売法・貸金業法指定信用情報機関）

主に割賦販売や消費者ローン等のクレジット事業を営む企業を会員とする信用情報機関です（公式サイト https://www.cic.co.jp/cic/part.html）。

② 株式会社日本信用情報機構（JICC）

貸金業者、消費者金融会社、流通系・銀行系・メーカー系クレジット会社、信販会社、金融機関、保証会社、リース会社など与信事業を営む事業者が加盟している信用情報機関です（公式サイト https://www.jicc.co.jp/）。

③　全国銀行個人信用情報センター（一般社団法人全国銀行協会が運営）

　銀行、信用金庫、農協等の金融機関等を会員とする信用情報機関です（公式サイト https://www.zenginkyo.or.jp/pcic/）。

2 相続放棄

Q3-11 相続放棄の期限

相続放棄は、被相続人の"死亡日から３か月以内"にしないと認められないのでしょうか？

相続放棄をするかどうかの熟慮期間（相続放棄をするかどうかを判断する期間）は、被相続人の死亡日から３か月以内ではなく、"自身が相続人になったことを知った時から３か月以内"です。

なお、相続放棄の熟慮期間は、相続人に承認または放棄の選択をする時間を与えるために設けられているため、裁判所の個別具体的な判断にはなりますが、相当な理由があれば３か月を経過している場合であっても、相続放棄の申述が受理されるケースもあります。

相談者から相続放棄に関して「相続開始から１年以上経っているのですが、相続放棄ができますか？」といった相談を受けた場合、ケースによっては相続放棄が可能なこともありますので、早い段階で司法書士や弁護士に取次いだ方が良いでしょう（詳細については、**Q3-15** をご参照ください）。

■相続放棄の選択期間

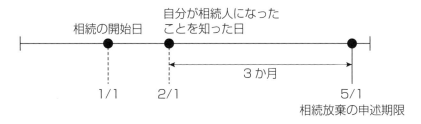

参照条文
（相続の承認又は放棄をすべき期間）
民法第915条　相続人は、自己のために相続の開始があったことを知った時から３箇月以内に、相続について、単純若しくは限定の承認又は放棄をしなければならない。ただし、この期間は、利害関係人又は検察官の請求によって、家庭裁判所において伸長することができる。

◎再転相続のケース

　令和元年８月９日に最高裁判所の判決により、再転相続（※）が生じた場合は、相続人が「被相続人の地位を承継したことを知った時」が相続放棄の熟慮期間の起算日になるとの判断が示されました。

　この判決は、「相続人が相続放棄をするかどうか判断するスタート時点は、自身が被相続人の地位を承継した事実を把握した段階から」という内容で、相続の承認または放棄を選択できる権利の保証を重視した内容です。

　　（※）相続放棄の熟慮期間中、相続の承認または放棄をしないまま亡くなった人がいる場合、その相続人が、当初の相続人の相続の承認または放棄をする地位を承継すること。

■**再転相続のイメージ図**

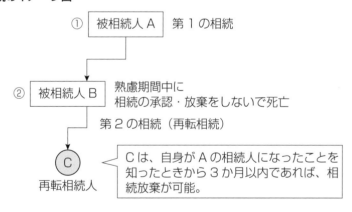

① 被相続人Ａ　第１の相続

② 被相続人Ｂ　熟慮期間中に相続の承認・放棄をしないで死亡

第２の相続（再転相続）

Ｃ 再転相続人

Ｃは、自身がＡの相続人になったことを知ったときから３か月以内であれば、相続放棄が可能。

Q3-12 ── 相続放棄受理後の注意点

> 相続放棄の申述が受理されたあと、注意をしなければいけないことはありますか？

相続放棄の申述が受理されると、他の共同相続人がいない場合、次順位の相続人に、相続人の地位（以下、「相続権」という）が承継されることになりますが、相続放棄の事実は、他の相続人には知らされません（裁判所からの通知もありません）。

つまり、相続放棄によって次順位の相続人に相続権が承継されたとしても、次順位の相続人は、自分が相続人になった事実を認識していない可能性が高いです。

そのため、借金などマイナスの財産が多い場合は、次順位の相続人に対して、相続放棄をした事実や被相続人の財産状況などを連絡して、親族間で不要なトラブルが生じないよう配慮した方が良いでしょう。

具体的には、相続放棄をした方から、①相続放棄をしたこと、②相続放棄をした理由（遺産・負債の情報）などを、電話や書面などで次順位の相続人に伝えることなどが考えられます。

なお、相続放棄の申述が受理された場合であっても、相続財産の管理責任や義務が生じるケースもありますので、注意しましょう（詳細については、**Q3-14** をご参照ください）。

Q3-13 ── 税金の納付義務

> 相続放棄をした場合、税金の納付義務はどうなるでしょうか？

相続放棄をすることで、被相続人の「所得税」や「住民税」などの租税公課は、原則として支払いをする必要がなくなります。

ただし、固定資産税については、相続放棄をした時期によって支払義務があると裁判所が判断したケースが存在するので注意が必要です（横浜地判平成12年2月21日など）。

　これは固定資産税が「台帳課税主義」という考え方を取っていることが理由で、台帳課税主義とは、「その年の1月1日現在の登記上の所有者（所有者が死亡している場合は、その固定資産を現に所有している者）に固定資産税を課税する」という取扱いのことです。

　例えば、昨年の11月に亡くなった方の相続放棄を、今年の1月1日以後に行った場合、台帳課税主義では、1月1日時点の所有者（またはその相続人）を納税義務者として取扱うため、相続人に対して固定資産税が請求されてしまう可能性があります。

　相続放棄の申述期限まで余裕がある場合であっても、高額の固定資産税がかかる不動産が遺産に含まれているケースでは、相続放棄のタイミングによっては、想定していない課税がなされる可能性があるので注意が必要です。

■相続放棄と固定資産税の課税

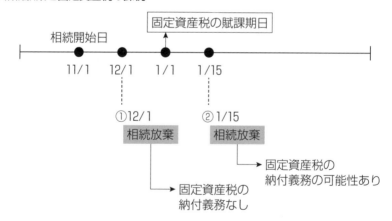

Q3-14 — 相続放棄後の責任や義務

相続放棄をしたにもかかわらず、相続財産について責任や義務が生じることはありますか？

相続放棄をすることにより「はじめから相続人ではなかった」という法的効力が生じますが、法律上、「相続放棄をした場合であっても、他の者が相続人になり相続財産の管理を始めることができるまでは、自己の財産におけるのと同一の注意をもって、その財産の管理をしなければならない」という規定があります。

つまり、相続財産に老朽化している建物などがある場合は、その管理についての責任は、他の者が相続人になって管理をはじめることができるようになるまでは、相続放棄をした者が、引続き負うことになります。

なお、次順位の相続人がいない場合において、この義務を免れるには、裁判所に相続財産管理人の選任の申立てをする必要があります。

ただし、相続財産管理人の選任の申立ては、裁判所への予納金などの費用が発生するほか、申立ての必要性など検討すべき事項も多いため、司法書士や弁護士に相談した方が良いでしょう。

参照条文
（相続の放棄をした者による管理）
民法第940条 相続の放棄をした者は、その放棄によって相続人となった者が相続財産の管理を始めることができるまで、自己の財産におけるのと同一の注意をもって、その財産の管理を継続しなければならない。
2 （省略）

相談者が相続放棄を希望しているが、「被相続人の死亡から３か月を超えている場合」は、どのように対応すればよいでしょうか？

最高裁判所の判例（最判昭和59年４月27日）は、相続人になったことを知ったときから３か月が経過している場合であっても、次の要件をすべて満たす場合は、相続財産の全部または一部の存在を認識したときから相続放棄の熟慮期間が起算されると判示しています。

【要件】
① 相続放棄をしなかった理由が、被相続人に相続財産が全く存在しないと信じたためであること
② 被相続人の生活歴、被相続人と相続人との間の交際状態その他諸般の状況からみて当該相続人に対し相続財産の有無の調査を期待することが著しく困難な事情があること
③ 相続人が被相続人に相続財産が全く存在しないと信じた相当な理由があること

また、高等裁判所の判例（大阪高裁平成10年２月９日）は、相続放棄の熟慮期間について、自己が法律上の相続人となった事実を知った場合であっても、３か月以内に相続放棄をしなかったことが相続債務が存在しない（あるいは相続放棄をする必要がない程度の少額財産しかない）と誤信したことが原因であり、そのことにつき相当な理由があるときは、相続債務のほぼ全容を認識したとき（または通常これを認識できるとき）から起算すべきと解するのが相当であると判示しています。

以上のとおり、ケースによっては、自身が法律上の相続人になったことを知ったときから３カ月を経過している場合であっても、相続放棄ができ

る可能性はあります。

　また、前述の判例の要件を満たさない場合であっても、相続放棄を検討できるケースはありますので、諦めずに早めに司法書士や弁護士に相談することをお勧めします。

> （最判昭和59年4月27日）
> 　熟慮期間は、原則として、相続人が前記の各事実を知った時から起算すべきものであるが、相続人が、右各事実を知った場合であつても、右各事実を知った時から三か月以内に限定承認又は相続放棄をしなかったのが、被相続人に相続財産が全く存在しないと信じたためであり、かつ、被相続人の生活歴、被相続人と相続人との間の交際状態その他諸般の状況からみて当該相続人に対し相続財産の有無の調査を期待することが著しく困難な事情があって、相続人において右のように信ずるについて相当な理由があると認められるときには、相続人が前記の各事実を知った時から熟慮期間を起算すべきであるとすることは相当でないものというべきであり、**熟慮期間は相続人が相続財産の全部又は一部の存在を認識した時又は通常これを認識しうべき時から起算すべき**ものと解するのが相当である。
>
> （大阪高裁平成10年2月9日）
> 　民法915条1項所定の熟慮期間については、相続人が相続の開始の原因たる事実及びこれにより自己が法律上の相続人となった事実を知った場合であっても、三か月以内に**相続放棄をしなかったことが、相続人において、相続債務が存在しないか、あるいは相続放棄の手続をとる必要をみない程度の少額にすぎないものと誤信したためであり、か**つそのように信じるにつき相当な理由があるときは、**相続債務のほぼ全容を認識したとき、または通常これを認識しうべきときから起算すべき**ものと解するのが相当である。

Q3-16　対象者生存中の相続放棄

　相続放棄は、相続放棄の対象者が生存中でもできるのでしょうか？

　相続放棄は、相続放棄の対象者が生存中はできません。

　例えば、多額の借金を抱えている親がいる場合で、将来、明らかに子が相続放棄をすることが予想される場合であっても、相続放棄は、親に相続が発生した後でなければできません。

Q3-17 — 手続きに要する期間

相続放棄の手続きを司法書士に依頼した場合、どれくらいの期間がかかりますか？

相続放棄の手続きにかかる期間は、相続関係や財産調査にかかる期間などによって異なりますが、司法書士に依頼をした場合、通常のケースにおいては、初回相談から1か月～2か月程度で完了します。

なお、財産調査に時間がかかる場合や、検討すべき点が多い場合は、予め裁判所に「申述期間の延長」を申し出ることができます（延長期間は裁判所の裁量によりますが、事情に応じて1か月～3か月程度の延長が一般的です）。

参照条文
（相続の承認または放棄をすべき期間）
民法第915条　相続人は、自己のために相続の開始があったことを知った時から三箇月以内に、相続について、単純若しくは限定の承認又は放棄をしなければならない。ただし、この期間は、利害関係人又は検察官の請求によって、家庭裁判所において伸長することができる。
2　（省略）

■ モデルスケジュール

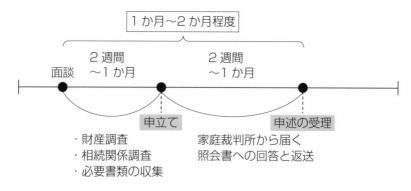

194

Q3-18 — 相続放棄の申述手続きに必要な書類

相続放棄の申述手続きには、どのような書類が必要ですか？

相続放棄の申述は、被相続人の最後の住所地を管轄する家庭裁判所に対して、以下の書類等を提出して行います。

●共通

① 相続放棄申述書【資料31】

② 被相続人の死亡が確認できる戸籍（除籍）（※）

③ 被相続人の本籍の記載のある住民票の除票（または戸籍の附票）

④ 相続人の戸籍（発行から3か月以内のもの）

⑤ 収入印紙　800円分（相続放棄をする人、1人につき800円分必要です）

⑥ 郵便切手　（家庭裁判所により金額が異なるため管轄裁判所に要確認）

（※）【申述人が被相続人の配偶者の場合】
・被相続人の死亡の記載のある戸籍（除籍）

【申述人が被相続人の第一順位の相続人（子またはその代襲者）の場合】
・被相続人の死亡の記載のある戸籍（除籍・改製原戸籍）謄本
・代襲相続人（孫・ひ孫など）の場合、被代襲者（本来の相続人）の死亡の記載のある戸籍（除籍・改製原戸籍）謄本

【申述人が被相続人の第二順位の相続人（父母・祖父母等）の場合】
・被相続人の出生時から死亡時までのすべての戸籍（除籍・改製原戸籍）謄本
・被相続人の子（その代襲者）で死亡している者がいる場合、その子の出生時から死亡時までのすべての戸籍（除籍・改製原戸籍）謄本
・被相続人の直系尊属に死亡している者（相続人より下の代の直系尊属に限る（相続人が祖母の場合は父母））がいる場合、その直系尊属の死亡の記載のある戸籍（除籍・改製原戸籍）謄本

【申述人が被相続人の第三順位の相続人（兄弟姉妹およびその代襲者（甥姪など））の場合】

・被相続人の出生時から死亡時までのすべての戸籍（除籍・改製原戸籍）謄本
・被相続人の子（およびその代襲者）で死亡している者いる場合、その子（およびその代襲者）の出生時から死亡時までのすべての戸籍（除籍・改製原戸籍）謄本
・被相続人の直系尊属の死亡の記載のある戸籍（除籍・改製原戸籍）謄本
・申述人が代襲相続人（甥・姪）の場合、被代襲者（本来の相続人）の死亡の記載のある戸籍（除籍・改製原戸籍）謄本

■【資料31】相続放棄申述書（記入例）

https://www.courts.go.jp/vc-files/courts/file2/2019_souzokuhouki_rei20h.pdf

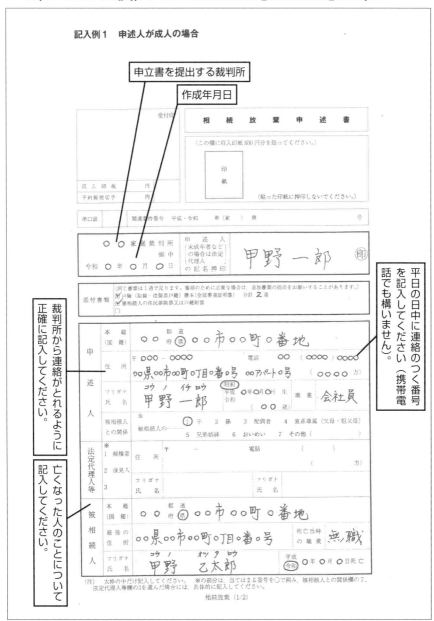

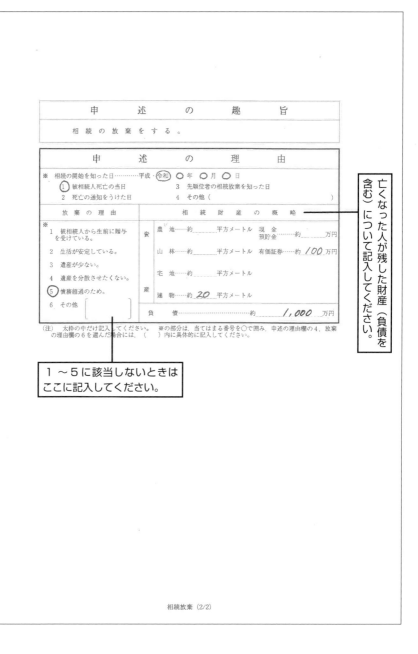

申　述　の　趣　旨

相　続　の　放　棄　を　す　る　。

申　述　の　理　由

※　相続の開始を知った日‥‥‥‥平成・令和　○年　○月　○日
　　① 被相続人死亡の当日　　　　　3　先順位者の相続放棄を知った日
　　2　死亡の通知をうけた日　　　　4　その他（　　　　　　　　　）

放　棄　の　理　由	相　続　財　産　の　概　略
※ 1　被相続人から生前に贈与を受けている。 2　生活が安定している。 3　遺産が少ない。 4　遺産を分散させたくない。 ⑤　債務超過のため。 6　その他	農　地……約＿＿＿平方メートル　現　金 　　　　　　　　　　　　　　　　　預貯金………約＿＿＿万円 山　林……約＿＿＿平方メートル　有価証券……約 100 万円 宅　地……約＿＿＿平方メートル 建　物……約 20 平方メートル 負　債……………………約 1,000 万円

（注）　太枠の中だけ記入してください。　※の部分は、当てはまる番号を○で囲み、申述の理由欄の4、放棄
　　の理由欄の6を選んだ場合には、（　　）内に具体的に記入してください。

亡くなった人が残した財産（負債を含む）について記入してください。

１ ～５に該当しないときはここに記入してください。

相続放棄（2/2）

198

Q3-19 ─ 相続放棄と遺産放棄の違い

「相続放棄」と「遺産放棄」は、同じ意味でしょうか？

　「相続放棄」と「遺産放棄」が同じことだと誤解をしている方が多いのですが、「相続放棄」と「遺産放棄」は、その意味合いと法的効果がまったく異なります。

　相続放棄は、家庭裁判所において相続放棄の申述を行い「初めから相続人ではなかった。」という法的効果を生じさせる手続きです。

　一方、遺産放棄は、単に「遺産を受け取らない」という意思表示に過ぎません（正式な法律用語ではありません）。

　そのため、遺産放棄をした場合であっても、法的には相続人として取り扱われるため、借金などマイナスの財産（債務）があった場合、プラスの財産を一切受け取らなかったとしても、借金を返済する義務を承継することになります（相続放棄の場合は、借金などの債務は承継しません）。

　なお、相続放棄をした場合は、法律上「初めから相続人ではなかった」ことになるため、特定の遺産だけでなく、すべての遺産について相続する権利を失います。

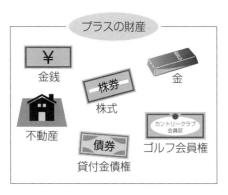

Q3-20 — 未成年者の相続放棄

遺産分割協議を避けるために未成年者の子が相続放棄をする方法があると聞きました。そのようなことはできるのでしょうか？

そのような相続放棄が認められること自体に疑義がありますが、遺産分割協議の回避を目的とした相続放棄は、するべきではないでしょう。

なお、以下のモデルケースにおいて、未成年者の子が相続放棄をすると、配偶者と次順位である被相続人の親（祖父母）または兄弟姉妹が相続人になります。

その場合、遺産分割協議は、配偶者と新たに相続人となった被相続人の親（祖父母）や兄弟姉妹とで行うことになるので注意が必要です（遺産分割協議をしなくても良いということにはなりません）。

モデルケース

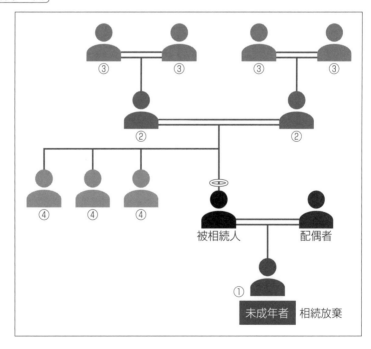

① （未成年の子）が相続放棄をした場合
　相続人は配偶者と被相続人の父母になる。
　　　⇒遺産分割協議は、配偶者と被相続人の父母とで行う。

② （父母）の全員が相続放棄またはすでに死亡している場合
　相続人は配偶者と被相続人の祖父母になる。
　　　⇒遺産分割協議は、配偶者と被相続人の祖父母とで行う。

③ （祖父母）の全員が相続放棄またはすでに死亡している場合
　相続人は配偶者と被相続人の兄弟姉妹になる。
　　　⇒遺産分割協議は、配偶者と被相続人の兄弟姉妹とで行う。

　相続人に未成年者の子がいる場合は、当該未成年者について、特別代理人選任申立を行い、選任された特別代理人と遺産分割協議をします（詳細については、第3章4　遺産分割協議の **Q3-28** をご参照ください）。

　なお、特別代理人と遺産分割協議をする場合において、「親がすべての財産を取得する」という分割内容であっても、子の福祉に適（かな）うことが説明できれば、家庭裁判所に認めてもらえるケースもあります。

　このあたりについては、個々の事例によって判断基準が異なりますので、連携をする司法書士や弁護士に相談をしてください。

Q3-21 ─ 被相続人の預貯金使用と相続放棄

被相続人の預貯金を引き出して葬儀費用を支払ってしまった場合、相続放棄はできないのでしょうか？

　預貯金を引き出してしまったという事実のみをもって、相続放棄ができないということにはなりません。

　また、引き出した預貯金から葬儀費用を支払ってしまったとしても、葬儀費用の性質上、また社会的な見地から不当とは言えないとして、相続放

棄が認められた判例もあります（大阪高等裁判所平成 14 年 7 月 3 日決定）。

　個々具体的な判断については、支払った金額やその他の状況などから総合的に検証する必要がありますが、相続放棄が認められる可能性はあると言えますので、早目に司法書士や弁護士に相談をした方が良いでしょう。

　なお、引き出した預貯金を私的に使用した場合は、法定単純承認事由に該当するため、相続放棄をすることはできなくなります。

（大阪高等裁判所平成 14 年 7 月 3 日決定）
　葬儀は、人生最後の儀式として執り行われるものであり、社会的儀式として必要性が高いものである。そして、その時期を予想することは困難であり、葬儀を執り行うためには、必ず相当額の支出を伴うものである。これらの点からすれば、被相続人に相続財産があるときは、それをもって被相続人の葬儀費用に充当しても社会的見地から不当なものとはいえない。また、相続財産があるにもかかわらず、これを使用することが許されず、相続人らに資力がないため被相続人の葬儀を執り行うことができないとすれば、むしろ非常識な結果といわざるを得ないものである。
　したがって、相続財産から葬儀費用を支出する行為は、法定単純承認たる相続財産の処分（民法第 921 条 1 号）には当たらないというべきである。

Q3-22　相続放棄の状況の確認方法

他の相続人の相続放棄の状況を確認する方法はありますか？

　相続人や利害関係人（債権者など）は、被相続人の最後の住所地を管轄する家庭裁判所に照会をかけることにより、他の相続人の相続放棄（限定承認）の状況を確認することができます（手数料は無料です）。

【相続人が申請する場合】

・相続放棄・限定承認の申述の有無についての照会申請書【資料 32】
・被相続人等目録【資料 33】
・被相続人の本籍の記載のある住民票の除票（または戸籍の附票）

・照会者と被相続人の発行から３か月以内の戸籍謄本（照会者と被相続人との関係がわかる戸籍謄本）

・照会者の住民票（本籍地が表示されているもの）

・返信用封筒と返信用切手

以上のほか、相続関係図（手書き可）の提出も要請されています。

■ 【資料32】相続放棄・限定承認の申述の有無についての照会申請書

https://www.courts.go.jp/tokyo-f/vc-files/tokyo-f/file/S02-2.pdf

1	2	3	T	

相続放棄・限定承認の申述の有無についての照会申請書

受付印

平成　　　年　　　月　　　日

東 京 家 庭 裁 判 所　　　御 中

住 所

照会者　　　　　　　　　　　　　印

電 話　　　　　（　　　　　）

担 当 （　　　　　　　　　　）

添 付 書 類

1　被相続人の住民票の除票(本籍地が表示されているもの)　　通
2　照会者の資格証明書類　　　　　　　　　　　　　　　　　　通
（ 戸籍謄本 ・ 住民票 ・商業登記簿謄本 ・ 資格証明書　　　）
3　相続関係図　　　　　　　　　　　　　　　　　　　　　　　通
4　利害関係の存在を証する書面　　　　　　　　　　　　　　　通
（　　　　　　　　　　　　　　　　　　　　　　　　　　　）
5　委任状　　　　　　　　　　　　　　　　　　　　　　　　　通
6　郵券貼付済み返信用封筒　　　　　　　　　　　　　　　　　通
7　その他 (　　　　　　　　　　　　　　　　　) 　　　　　 通

被 相 続 人 の 表 示　別紙目録記載のとおり

照 会 対 象 者 の 表 示　別紙目録記載のとおり

別紙目録記載の被相続人の相続に関し，別紙目録記載の照会対象者から貴庁に対して,

※1 ｛　□ 同被相続人の死亡日 (昭和・平成　　　年　　　月　　　日)
　　　　□ 先順位者の放棄が受理された日　　　　　　　　　　　　　　　｝

から

※2 ｛　□ 3箇月　　　(被相続人の死亡日が平成11年以前の場合)
　　　　□ 申請日まで　(被相続人の死亡日が平成12年以降の場合)　　　　｝

の間に，相続放棄または限定承認の申述がなされているか否かについて，事件簿または索引簿にて

調査し回答してください。

[＊ ※1及び※2にそれぞれチェックを入れてください。]

照 会 を 求 め る 理 由

□ 不動産競売手続に必要なため

□ 訴訟を提起するため

□ 承継執行文を付与するのに必要なため

□ その他裁判所に提出するため　　(　　　　　　　　　　　　　　　)

□ その他　　(　　　　　　　　　　　　　　　　　　　　　　　　　)

＊　本申請書の太線内及び別紙被相続人等目録の太線内につきそれぞれご記入ください。
＊　別紙の被相続人等目録の氏名欄は戸籍等をご確認の上で正確に記入してください(調査はご記入
　いただいた氏名に基づいて行います。)。

被 相 続 人 等 目 録

被相続人の表示	本　籍				
	最後の住所地	東京都　　　　　区			
	ふりがな 氏　名	亡	死亡日	□平成 □昭和	年　月　日

照 会 対 象 者 の 表 示					
1	氏　名		11	氏　名	
2	氏　名		12	氏　名	
3	氏　名		13	氏　名	
4	氏　名		14	氏　名	
5	氏　名		15	氏　名	
6	氏　名		16	氏　名	
7	氏　名		17	氏　名	
8	氏　名		18	氏　名	
9	氏　名		19	氏　名	
10	氏　名		20	氏　名	

［裁判所記入欄］

Q3-23 お墓の継承

相続放棄をした場合、お墓を継ぐことはできないのでしょうか？

継ぐことができます。

お墓（墓地・墓石）、仏壇などは、民法上の祭祀財産（さいしざいさん）に該当し、相続財産に含まれません。

よって、相続放棄の影響は受けず、また遺産分割の対象にもなりません。

通常、祭祀財産は、被相続人が遺言で指定した場合などを除き、祭祀の主催者が承継することになっています。

なお、この祭祀の主催者は、遺言で指定されていない場合、慣習に従って決まります。

参照条文
（相続の一般的効力）
民法第896条　相続人は、相続開始の時から、被相続人の財産に属した一切の権利義務を承継する。ただし、被相続人の一身に専属したものは、この限りでない。

（祭祀に関する権利の承継）
民法第897条　系譜、祭具及び墳墓の所有権は、前条の規定にかかわらず、慣習に従って祖先の祭祀を主宰すべき者が承継する。ただし、被相続人の指定に従って祖先の祭祀を主宰すべき者があるときは、その者が承継する。
2　前項本文の場合において慣習が明らかでないときは、同項の権利を承継すべき者は、家庭裁判所が定める。

3　遺産分割前の預貯金の払戻し制度

Q3-24 ── 預貯金の払戻し制度

遺産分割前の預貯金の払戻し制度とは何ですか？

　遺産分割前の預貯金の払戻し制度（以下、「預貯金の払戻し制度」という）とは、相続法の改正により新設された制度で、遺産分割協議の成立前であっても、一定の金額の範囲内であれば、被相続人名義の預貯金から、各相続人が単独で払戻しを受けることができる制度です。

　この制度を利用することで、葬儀費用や残された相続人の生活費などについて、被相続人の預貯金から支払うことができます。

Q3-25 ── 払戻せる金額

「遺産分割前の預貯金の払戻し制度」で引き出せる金額はいくらでしょうか？

　遺産の預貯金について、相続人が払戻せる金額は、「相続開始時点における預貯金債権の額の3分の1に、権利行使する相続人の法定相続分をかけた金額」です（ただし、払戻し金額には上限があります。詳細については、**Q3-26** をご参照ください）。

　例えば、A銀行に1,200万円の預金をしていた夫が亡くなり、妻と子が2人の場合において、子の1人が払戻しを受けられる金額は、以下の図のとおりです。

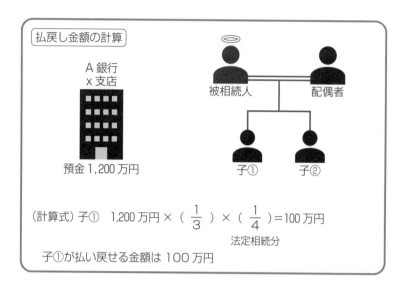

払戻し金額の計算

A銀行
x支店

預金 1,200 万円

被相続人　　　配偶者

子①　　　　子②

(計算式) 子①　1,200 万円 × ($\frac{1}{3}$) × ($\frac{1}{4}$) ＝100 万円

法定相続分

子①が払い戻せる金額は 100 万円

Q3-26 — 預貯金の払戻し制度の注意点

預貯金の払戻し制度を利用する場合の注意点はありますか？

　預貯金の払戻し制度を利用して払戻しを受ける場合、注意をしなければいけないことがあります。

　それは、1つの金融機関から払戻しを受けられる金額に上限があるということです。

　現在、その上限は「150万円」に設定されていますので、仮に預貯金が1億円ある場合でも、その預貯金を1つの金融機関の口座でのみで管理している場合は、150万円しか払戻しを受けられません。

　しかし、2つの金融機関に5,000万円ずつ預けていれば、150万円ずつ合計300万円まで払戻しを受けることができます（300万円以上を引き出す権利がある場合に限ります）。

　つまり、同じ金額の金銭を預け入れている場合であっても、預金先の金

融機関の数によって、相続人が払戻しを受けることができる金額に差異が生じてしまうことがあります。

参照条文
（遺産の分割前における預貯金債権の行使）
民法第909条の2　各共同相続人は、遺産に属する預貯金債権のうち相続開始の時の債権額の3分の1に第900条及び第901条の規定により算定した当該共同相続人の相続分を乗じた額（標準的な当面の必要生計費、平均的な葬式の費用の額その他の事情を勘案して預貯金債権の債務者ごとに法務省令で定める額を限度とする。）については、単独でその権利を行使することができる。この場合において、当該権利の行使をした預貯金債権については、当該共同相続人が遺産の一部の分割によりこれを取得したものとみなす。

平成30年法務省令第29号
民法第909条の2に規定する法務省令で定める額を定める省令
　民法（明治29年法律第89号）第909条の2の規定に基づき、同条に規定する法務省令で定める額を定める省令を次のように定める。
　民法第909条の2に規定する法務省令で定める額は、**150万円**とする。

預貯金債権の仮分割の仮処分制度

　令和元年7月1日より、家事事件手続法の第200条が改正されました。（第3項の新設）

　この改正により、以下の要件を満たしている場合、家庭裁判所は、諸般の事情を考慮して「預貯金の仮分割の仮処分」を決定できるようになりました。

　仮処分が決定された場合、原則、遺産総額に申立人の法定相続分を乗じた額の範囲内で預貯金の仮分割が認められ、金融機関に対して「仮処分に基づく払戻請求」をすることが可能になります。

　例えば、遺産分割協議が難航しているケースにおいて、相続人の1人に緊急で高額な医療費（「遺産分割前の預貯金の払戻し制度」による払戻金のみでは不足する金額）が掛かる場合などは、この制度の利用が検討できます。

　ただし、要件①のとおり、遺産分割の調停または審判の手続きを利用している必要があるため、実際に利用する場合は、弁護士や司法書士に相談をした方が良いでしょう。

【要件】
　①　遺産分割の調停または審判の申立てがされていること
　②　相続債務の弁済や相続人の生活費捻出などの必要性があること
　③　他の共同相続人の利益を害しないこと

参照条文
（遺産の分割の審判事件を本案とする保全処分）
家事事件手続法第200条　家庭裁判所（第105条第2項の場合にあっては、高等裁判所。次項及び第3項において同じ。）は、遺産の分割の審判又は調停の申

立てがあった場合において、財産の管理のため必要があるときは、申立てにより又は職権で、担保を立てさせないで、遺産の分割の申立てについての審判が効力を生ずるまでの間、財産の管理者を選任し、又は事件の関係人に対し、財産の管理に関する事項を指示することができる。

2　（省略）

3　前項に規定するもののほか、家庭裁判所は、遺産の分割の審判又は調停の申立てがあった場合において、相続財産に属する債務の弁済、相続人の生活費の支弁その他の事情により遺産に属する預貯金債権（民法第466条の5第1項に規定する預貯金債権をいう。以下この項において同じ。）を当該申立てをした者又は相手方が行使する必要があると認めるときは、その申立てにより、遺産に属する特定の預貯金債権の全部又は一部をその者に仮に取得させることができる。ただし、他の共同相続人の利益を害するときは、この限りでない。

4　（省略）

4　遺産分割協議

$\mathbf{Q}$3-27 ── 「署名」と「実印での押印」

　遺産分割協議書には、相続人全員の「署名」と「実印での押印」が
必須ですか？

　遺産分割協議が成立したことを証明する遺産分割協議書には、実務上、
相続人全員の押印が必要ですが、「署名」と「実印での押印」は必須では
ありません。

　よって、「記名」と「認印での押印」であっても、遺産分割協議書とし
ては有効です。

　ただし、不動産の相続登記や金融機関で相続手続きなどをする際は、遺
産分割協議書に実印での押印と印鑑証明書の添付が求められるため、認印
で押印をしている場合は、改めて実印で押印し直す必要があります。

　また、認印での押印では、本人が押印した事実の証明として弱いため、
後々トラブルが生じるリスクもあります。実務においては、できる限り
「署名」と「実印での押印」を徹底した方が良いでしょう。

$\mathbf{Q}$3-28 ── 未成年者の子がいる場合

　遺産分割協議の当事者に未成年者の子がいる場合、どのように対応
すればよいでしょうか？

　遺産分割協議を、未成年者の子とその親権者が行う場合は、「利益相反
行為」（※）に該当するため、「特別代理人選任」を家庭裁判所に申し立

て、選任された特別代理人が、未成年者の子の代わりに遺産分割協議を行うことになります。

> （※）利益相反行為とは、当事者の間で利益が相反する行為のことで、本ケースのように親権者が「自分の立場」と「未成年者の子の法定代理人の立場」で遺産分割協議をすることなどが該当します。

特別代理人選任の流れ

① 子の住所地を管轄する家庭裁判所に対して「特別代理人選任」の申立てをします。

↓

② 家庭裁判所は、申立書と資料（遺産分割協議書（案）など）の内容をチェックします。

↓

③ 申立書に特別代理人の候補者が記載されている場合、家庭裁判所は、当該候補者について、未成年者との利害関係などを考慮して適格性を判断します。

　なお、候補者が記載されていない場合は、家庭裁判所が特別代理人を決定します。

（※）特別代理人については、特別な資格などは求められていないため、親権者以外の親族や知人などを候補者として申立てることができます。

↓

④ 特別代理人の候補者に対して、照会書が送付されます（各裁判所によって書式は若干異なります）。

（※）必要に応じて、家庭裁判所で候補者との面談が設定される場合もあります。

↓

213

⑤　特別代理人候補者は、照会書に必要事項を記入して家庭裁判所に返送します。

↓

⑥　照会書の記載内容に問題が無ければ、家庭裁判所より特別代理人に対して「特別代理人選任審判書」が送付されます。

実務上、遺産分割協議（案）の内容に問題がなければ、候補者については、申立てどおりに選任されるケースが多いです。

申立について
親権者と未成年者の間で遺産分割協議を行うケース

●申立人
・親権者
・利害関係人
●申立先
・子の住所地の家庭裁判所
●費用
・子1人につき収入印紙800円分
・郵便切手（家庭裁判所により金額が異なるため管轄裁判所に要確認）
●申立時の必要書類
①　申立書【資料34】
②　未成年者の戸籍謄本
③　親権者の戸籍謄本
④　特別代理人候補者の住民票（または戸籍の附票）
⑤　利益相反に関する資料（遺産分割協議書（案）、不動産登記事項証明書など）
（※）審理のために必要な場合は、追加書類の提出を指示されることがあります。

214

■【資料34】申立書の記入例（特別代理人選任申立書）

https://www.courts.go.jp/vc-files/courts/file2/2019_tokubetudairinin_rei_
isannbunnkatu.pdf

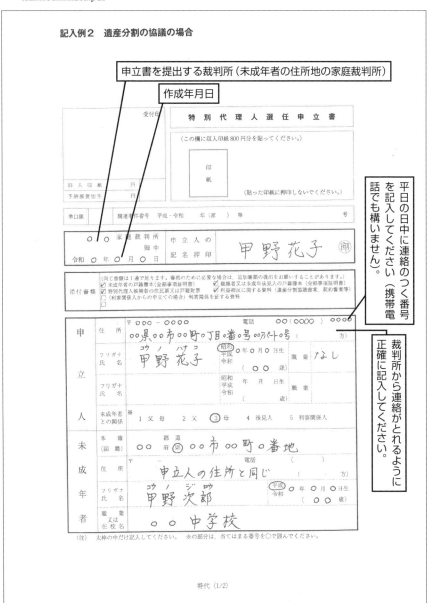

215

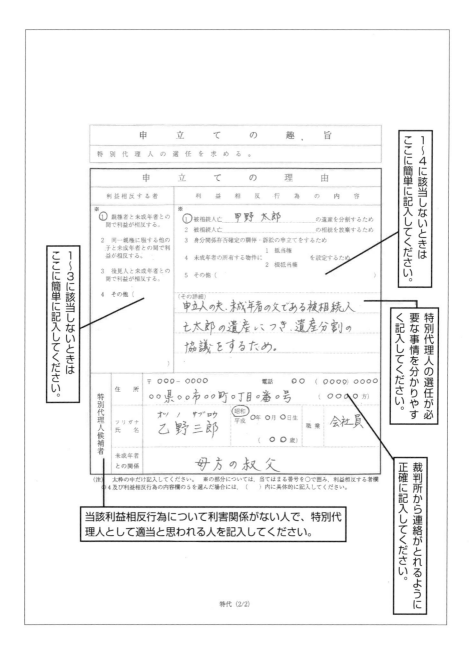

申　立　て　の　趣　旨

特 別 代 理 人 の 選 任 を 求 め る 。

申　立　て　の　理　由

利益相反する者	利益相反行為の内容
※①　親権者と未成年者との間で利益が相反する。 2　同一親権に服する他の子と未成年者との間で利益が相反する。 3　後見人と未成年者との間で利益が相反する。 4　その他（　）	※①　被相続人亡　甲野 太郎　　の遺産を分割するため 2　被相続人亡　　　　　　　の相続を放棄するため 3　身分関係存否確定の調停・訴訟の申立てをするため 4　未成年者の所有する物件に　　1　抵当権 　　　　　　　　　　　　　　　　2　根抵当権　　を設定するため 5　その他（　　　　　　　　　　　　） （その詳細） 申立人の夫、未成年者の父である被相続人 亡太郎の遺産につき、遺産分割の 協議をするため。

特別代理人候補者	住所	〒 ○○○－○○○○　　　　　　　電話 ○○（○○○○）○○○○ ○○県○○市○○町○丁目○番○号　　（　○○○○方）
	フリガナ 氏名	オツノ　サブロウ 乙野三郎　　昭和 平成 ○年○月○日生 （　○○　歳）　職業　会社員
	未成年者との関係	母方の叔父

(注)　太枠の中だけ記入してください。　※の部分については、当てはまる番号を○で囲み、利益相反する者欄の4及び利益相反行為の内容欄の5を選んだ場合には、（　）内に具体的に記入してください。

1～4に該当しないときはここに簡単に記入してください。

特別代理人の選任が必要な事情を分かりやすく記入してください。

1～3に該当しないときはここに簡単に記入してください。

裁判所から連絡がとれるように正確に記入してください。

当該利益相反行為について利害関係がない人で、特別代理人として適当と思われる人を記入してください。

特代 (2/2)

216

Q3-29 遺言の内容と異なる遺産分割協議

遺言の内容と異なる遺産分割協議は可能ですか？

遺言の内容によっては可能です。

ただし、以下の①〜④の条件を満たしている必要があります（後述の「相続させる旨の遺言（特定財産承継遺言）の場合の注意点」もご確認ください）。

① 被相続人が、遺言で遺産分割協議を禁止していないこと。
② 相続人全員が遺言の存在と内容を知った上で、遺言と異なる遺産分割協議をしていること。
③ 相続人以外の受遺者がいる場合は、当該受遺者が同意をしていること。
④ 遺言執行者が指定されている場合は、遺言執行者の同意があること。

参照条文
（遺産の分割の協議又は審判等）
民法第907条 共同相続人は、次条の規定により被相続人が遺言で禁じた場合を除き、いつでも、その協議で、遺産の分割をすることができる。

【相続させる旨の遺言（特定財産承継遺言）の場合の注意点】

特定の遺産を特定の相続人に「相続させる」と書かれた遺言、いわゆる「相続させる旨の遺言（特定財産承継遺言）」の場合、判例（最判平成3年4月19日）との関係から、遺言と異なる遺産分割協議の可否について注意が必要です。

上記判例では、相続させる旨の遺言については、特段の事情のない限り、相続開始と同時に、何らの行為を要せずして、直ちに遺産が当該相続人に相続承継されるため、遺産分割協議の余地がない（遺言の利益を放棄

できない、つまり遺産の帰属を拒否することができない）と判示しています。

　この見解に立っているものとして、不動産登記については、『登記研究』546号の質疑応答において、「特定の不動産について相続させる旨の遺言がある場合は、遺言と異なる遺産分割協議を行い、遺言に記載されている相続人と別の相続人に取得させることはできない。」との回答がなされています。

　この場合、一旦、遺言の内容に基づいた相続登記を行い、その後、贈与や交換などで所有権を他の相続人に移転する登記を行う必要があるため、登録免許税もそれぞれの登記についてかかります。

　しかし、一方で、相続人全員が同意しているのであれば、遺言と異なる遺産分割協議も許されるとする説もあり、不動産登記においても、「被相続人と各共同相続人全員の立場はイコールであり、被相続人の意思は共同相続人全員の意思によって否定、変更できる」という考えのもと、相続登記が未了の状態であり、共同相続人全員の同意があれば、相続させる旨の遺言と異なる遺産分割協議及び相続登記が可能と解している文献もあります（『登記官から見た相続登記のポイント』144頁（青木登・元東京法務局豊島出張所総務登記官）。

　現時点では、相続させる旨の遺言と異なる遺産分割協議については、実務上、確定した取扱いがなされているとは言えないため、連携をする司法書士や弁護士と相談をして手続きを進めた方が良いでしょう。

（最判平成3年4月19日）
「遺言書において特定の遺産を特定の相続人に「相続させる」趣旨の遺言者の意思が表明されている場合、当該相続人も当該遺産を他の 共同相続人と共にではあるが当然相続する地位にあることにかんがみれば、遺言者の意思は、右の各般の事情を配慮して、当該遺産を当該相続人をして、他の共同相続人と共にではなくして、単独で相続させようとする趣旨のものと解するのが当然の合理的な意思解釈というべきであり、遺言書の記載から、その趣旨が遺贈であることが明らかであるか又は遺贈と解すべき特段の事情がない限り、遺贈と解すべきではない。そして、右の「相続させる」趣旨の遺言、すなわち、特定の遺産を特定の相続人に単独で相続により承継させようとする遺言は、前記

の各般の事情を配慮しての被相続人の意思として当然あり得る合理的な遺産の分割の方法を定めるものであって、民法九〇八条において被相続人が遺言で遺産の分割の方法を定めることができるとしているのも、遺産の分割の方法として、このような特定の遺産を特定の相続人に単独で相続により承継させることをも遺言で定めることを可能にするために外ならない。したがって、右の「相続させる」趣旨の遺言は、正に同条にいう遺産の分割の方法を定めた遺言であり、他の共同相続人も右の遺言に拘束され、これと異なる遺産分割の協議、さらには審判もなし得ないのであるから、このような遺言にあっては、遺言者の意思に合致するものとして、遺産の一部である当該遺産を当該相続人に帰属させる遺産の一部の分割がなされたのと同様の遺産の承継関係を生ぜしめるものであり、**当該遺言において相続による承継を当該相続人の受諾の意思表示にかからせたなどの特段の事情のない限り、何らの行為を要せずして、被相続人の死亡の時（遺言の効力の生じた時）に直ちに当該遺産が当該相続人に相続により承継されるものと解すべきである**。そしてその場合、遺産分割の協議又は審判においては、当該遺産の承継を参酌して残余の遺産の分割がされることはいうまでもないとしても、当該遺産については、右の協議又は審判を経る余地はないものというべきである。」

（『登記研究』546 号 152 頁・質疑応答）
　特定の不動産を「長男 A 及び二男 B に各 2 分の 1 の持分により相続させる。」旨の遺言書とともに、A 持分 3 分の 1、B 持分 3 分の 2 とする A 及び B 作成に係る遺産分割協議書を添付して、A 持分 3 分の 1、B 持分 3 分の 2 とする相続登記の申請はすることができない。

Q3-30　遺産分割協議のやり直し

すでに遺産分割協議が成立している場合、遺留分の請求や遺産分割協議のやり直しはできますか？

　すでに遺産分割協議が成立している場合は、仮に遺留分が侵害されている場合であっても、遺留分を放棄していることと同視できるため、遺留分の請求は原則としてできません。

　遺産分割協議のやり直しについては、当初の遺産分割協議を合意解除することにより可能です（最判平成 2 年 9 月 27 日）。

　ただし、遺産分割協議を合意解除をするためには「相続人全員の合意」が必要なため、他の相続人全員が同意をしてくれない場合は、遺産分割協議のやり直しはできません。

なお、遺産分割協議の合意解除とやり直しは民法上可能ですが、税法上は、当初の遺産分割協議と新たな遺産分割協議の内容等によっては、相続人の間で財産の贈与や譲渡があったと捉えられ「贈与税」や「所得税」が課税されるリスクがありますので注意が必要です。

◎国税庁　法令解釈通達 第19条の2《配偶者に対する相続税額の軽減》関係
（分割の意義）
19の2-8　法第19条の2第2項に規定する「分割」とは、相続開始後において相続又は包括遺贈により取得した財産を現実に共同相続人又は包括受遺者に分属させることをいい、その分割の方法が現物分割、代償分割若しくは換価分割であるか、またその分割の手続が協議、調停若しくは審判による分割であるかを問わないのであるから留意する。
　ただし、当初の分割により共同相続人又は包括受遺者に分属した財産を分割のやり直しとして再配分した場合には、その再配分により取得した財産は、同項に規定する分割により取得したものとはならないのであるから留意する。（昭47直資2-130追加、昭50直資2-257、平6課資2-114改正）

（最判平成2年9月27日）
　共同相続人の全員が、既に成立している遺産分割協議の全部又は一部を合意により解除した上、改めて遺産分割協議をすることは、法律上、当然には妨げられるものではなく、上告人が主張する遺産分割協議の修正も、右のような共同相続人全員による遺産分割協議の合意解除と再分割協議を指すものと解されるから、原判決がこれを許されないものとして右主張自体を失当とした点は、法令の解釈を誤ったものといわざるを得ない。

Q3-31　預貯金の記載方法

　遺産分割協議書に預貯金を記載する場合、具体的な残高を書いた方がよいのでしょうか？

　遺産分割協議書において遺産である預貯金を特定する場合、その後の相続手続きなどを考慮すると、具体的な金額は記載しない方が良いでしょう。

理由としては、遺産分割協議書に記載された金額と、相続発生時の残高が一致しない場合や、相続開始後に預金利息や自動引落としなどで増減が生じている場合に、金融機関の相続手続きがスムーズに行えない可能性があるからです。

　どうしても記載しなければいけない場合は、「○○銀行△△支店の預貯金のすべて（○月○日現在金○○○円）」と記載することや、金融機関の相続手続用に、別途金額の記載の無いものを作成するなど、相続手続きに影響が生じないよう工夫した方が良いでしょう。

Q3-32 — 不動産の地目や地積

　遺産分割協議書の不動産の地目や地積については、固定資産評価証明書と登記事項証明書のどちらを書いた方がよいでしょうか？

　遺産分割協議書の不動産の表記については、相続登記に利用することを考慮して、登記事項証明書の情報のとおりに記載しましょう。

　通常、固定資産評価証明書には、登記上と現況、それぞれの地目と地積が記載されていますが、当該表記に不一致が生じている場合でも、登記事項証明書のとおりに記載をすることで、相続登記をする際の不動産の特定として問題になることはありません。

Q3-33 不動産の記載方法

　遺産分割協議書中、「土地」・「建物」・「敷地権付区分建物（マンションなど）」・「未登記建物」はどのように記載すれば良いでしょうか？

　遺産分割協議書における「土地」・「建物」・「敷地権付区分建物（マンションなど）」・「未登記建物」の記載例は、以下のとおりです。

◎土地の記載例

（土地の登記事項証明書）

上記土地を遺産分割協議書に記載する場合は、以下の表記になります。

```
所　　在　　特別区南都町一丁目
地　　番　　101番
地　　目　　宅地
```

| 地　　　積 | 300.00㎡ |

　なお、地目が宅地・鉱泉地以外の土地（農地・雑種地・山林など）については、地積の小数点以下が登記記録上は省略されています（10㎡以下の土地は小数点以下も記載されます）。

　よって、例えば雑種地が登記上「120㎡」となっていても、実際には「120.99㎡」のこともあるため、遺産分割協議書には登記記録と同じ表記で記載し、小数点以下を書き足さないようにしましょう。

◎建物の記載例

（建物の登記事項証明書）

東京都特別区南都町1丁目101　　　　　　　　　　　　全部事項証明書　　　（建物）

| 表　題　部 | （主である建物の表示） | 調製 | 余白 | | 不動産番号 | 0000000000000 |

所在図番号	余白
所　　　在	特別区南都町一丁目　101番地	余白
家屋番号	101番	余白

①　種　類	②　構　　造	③　床　面　積　㎡	原因及びその日付〔登記の日付〕
居宅	木造かわらぶき2階建	1階　80:00 2階　70:00	令和1年5月1日新築 〔令和1年5月7日〕

| 表　題　部 | （附属建物の表示） |

符　号	①種　類	②　構　　造	③　床　面　積　㎡	原因及びその日付〔登記の日付〕
1	物置	木造かわらぶき平家建	30:00	〔令和1年5月7日〕

| 所　有　者 | 特別区南都町一丁目5番5号　法　務　五　郎 |

| 権　利　部　（甲区） | （所有権に関する | |

この情報を遺産分割協議書に記載します。

順位番号	登　記　の　目　的	受付年月日・受付番号	
1	所有権保存	令和1年5月7日	所有者　特別区南都町一丁目5番5号

　上記建物を遺産分割協議書に記載する場合は、以下の表記になります。

223

所　　在	特別区南都町一丁目　101番地	
家屋番号	101番	
種　　類	居宅	
構　　造	木造かわらぶき2階建	
床 面 積	1階　80.00㎡	
	2階　70.00㎡	
附属建物		
符　　号	1	
種　　類	物置	
構　　造	木造かわらぶき平家建	
床 面 積	30.00㎡	

◎敷地権付区分建物の記載例

（敷地権付区分建物（マンションなど）の登記事項証明書）

東京都特別区南都町1丁目3-1-101　　　　　　　全部事項証明書　　　（建物）

専有部分の家屋番号	3-1-101　3-1-102　3-1-201　3-1-202			
表　題　部　（一棟の建物の表示）		調製	余白	所在図番号	余白
所　在	特別区南都町一丁目　3番地1		余白	
建物の名称	ひばりが丘一号館		余白	

①　構　造	②　床　面　積　㎡	原因及びその日付〔登記の日付〕
鉄筋コンクリート造陸屋根2階建	1階　　300：60　2階　　300：40	〔令和1年5月7日〕

表　題　部　（敷地権の目的である土地の表示）					
①土地の符号	②　所　在　及　び　地　番	③地目	④　地　積　㎡	登　記　の　日　付
1	特別区南都町一丁目3番1	宅地	350：76	令和1年5月7日

表　題　部　（専有部分の建物の表示）		不動産番号	0000000000000
家屋番号	特別区南都町一丁目　3番1の101	余白	
建物の名称	R10	余白	

①　種　類	②　構　造	③　床　面　積　㎡	原因及びその日付〔登記の日付〕
居宅	鉄筋コンクリート造1階建	1階部分　　150：42	令和1年5月1日新築〔令和1年5月7日〕

表　題　部　（敷地権の表示）			
①土地の符号	②　敷地権の種類	③　敷　地　権　の　割　合	原因及びその日付〔登記の日付〕
1	所有権	4分の1	令和1年5月1日敷地権〔令和1年5月7日〕

所　有　者	特別区東都町一丁目2番3号　株式会社甲不動産

権　利　部　（甲区）　（所　有　権　に　関　す　る）			
順位番号	登　記　の　目　的	受付年月日・受付	

この情報を遺産分割協議書に記載します。

　上記敷地権付区分建物を遺産分割協議書に記載する場合は、以下の表記になります。

一棟の建物の表示
所　　　　在　　　特別区南都町一丁目　3番地1
建物の名称　　　ひばりが丘一号館

```
専有部分の建物の表示
家 屋 番 号    特別区南都町一丁目  ３番１の101
建物の名称    R10
種     類    居宅
構     造    鉄筋コンクリート造１階建
床 面 積    １階部分  150.42 ㎡


敷地権の表示
土地の符号    １
所在及び地番  特別区南都町一丁目３番１
地     目    宅地
地     積    350.76 ㎡
敷地権の種類  所有権
敷地権の割合  ４分の１
```

　なお、一棟の建物の表示に「建物の名称」が記載されていない場合は、一棟の建物の表示について【構造・床面積】をすべて記載する必要があります。

```
一棟の建物の表示
所     在    特別区南都町一丁目  ３番地１
構     造    鉄筋コンクリート造陸屋根２階建
床 面 積    １階  300.60 ㎡
              ２階  300.40 ㎡
専有部分の建物の表示
家 屋 番 号    特別区南都町一丁目  ３番１の101
建物の名称    R10
種     類    居宅
構     造    鉄筋コンクリート造１階建
床 面 積    １階部分  150.42 ㎡
```

```
敷地権の表示
土地の符号    1
所在及び地番  特別区南都町一丁目３番１
地    目    宅地
地    積    350.76 ㎡
敷地権の種類  所有権
敷地権の割合  ４分の１
```

◎未登記建物の記載例

　遺産分割協議書に未登記建物を記載する場合は、未登記建物について、登記事項証明書が取得できないため、固定資産税納税通知書または固定資産評価証明書の情報をもとに、以下のように記載します。

```
【未登記建物】
所 在 地    東京都○○○○○○○○○○○○○○
種    類    ○○
構    造    ○造○○ぶき
床 面 積    ○○.○○㎡
以上、令和○年度固定資産税・都市計画税納税通知書の記載による。
```

Q3-34 「生命保険金」「死亡退職金」

　遺産分割協議書に「生命保険金」や「死亡退職金」などの記載は必要でしょうか？

　生命保険金については、税法上のみなし相続財産ですが、民法上の相続財産ではありません。

　よって、遺産分割協議書への記載は不要です。

ただし、法的には余事記載であっても、相続により取得する財産の平等性を明確にするため、相続人全員の合意のもと、あえて遺産分割協議書に記載するケースもあります。

　死亡退職金については、支給規程の内容により相続財産に該当する場合は、記載する必要があります（詳細については、第1章9　相続と契約**Q1-39**をご参照ください）。

Q3-35 — 債務承継の合意

　遺産分割協議において「被相続人の債務を特定の相続人がすべて引き受けること」を合意した場合、その合意は債権者にも対抗できるのでしょうか？

　実務上、「借入金を含む被相続人の債務のすべては、相続人○○が相続する。」と記載されている遺産分割協議書は多く存在します。

　この「債務の承継の合意」については、相続人の間では有効ですが、債権者の承諾を得ていない限り、債権者に対抗することはできません。

　つまり、遺産分割協議において、被相続人の債務を特定の相続人が承継する合意をしている場合であっても、当該相続人が債務を履行しなかった場合、債権者は、他の相続人に法定相続分に応じた債務の履行を請求することができます。

　遺産分割協議において、特定の相続人が債務の承継を条件に多めの財産を取得する場合などは、事前に、債権者に債務の承継（具体的には、相続人のうち特定の者が免責的に債務を引き受けること）について承諾を得ておいた方が良いでしょう。

　なお、遺言で債務を承継する相続人を指定した場合も、遺産分割協議の場合と同様に、債権者の承諾を得ていない限り債権者には対抗することができません。

Q3-36 — 遺産分割協議書の形式

同一内容の遺産分割協議書を数通作成し、各相続人が別々に署名と押印している場合、遺産分割協議書として有効でしょうか？

有効です。

遺産分割協議は、遺産の分割方法について、相続人全員の合意があれば成立します。

仮に、遺産分割協議書が相続人ごとに作成されている場合であっても、遺産分割協議書の内容が同一であり、相続人全員が合意できている事実が書類上で確認できるのであれば、遺産分割協議書として取扱うことができます。

不動産登記の実務上も、遺産分割協議書と同一の内容を、相続人の人数分「遺産分割証明書」として作成し、当該証明書に相続人全員が署名（記名）と実印を押印することで相続登記が可能です。

可能であれば、1枚の遺産分割協議書に連署・押印する形が望ましいですが、時間が限られている場合や、一部の相続人が海外に居住している場合などは、前述の遺産分割証明書の形が適しているケースもあります。（海外居住者の署名証明書などについては、**Q3-39** をご参照ください。）

（『登記研究』170号・100頁・質疑応答）

3597　遺産分割協議の様式

問　同一内容の遺産分割協議書を、共同相続人が各人別に夫々作成（連署せず）した場合は、遺産分割の協議を証する書面といえないか。

答　同一内容の遺産分割協議書を数通作成し、それに各自が各別に署名捺印したものであっても、その全部の提出があるときは、遺産分割の協議書とみて差しつかえないものと考えます。

Q3-37 非協力的な相続人

遺産分割協議に非協力的な相続人がいる場合、どのように対応すれば良いでしょうか？

一部の相続人が遺産分割協議に非協力的で、任意に協力してくれる可能性が低い場合は、遺産分割調停を検討することになります。

遺産分割調停は、①共同相続人間に協議が整わないとき、あるいは②協議をすることができないときに、家庭裁判所へ申立てることができます。

遺産分割調停では、家庭裁判所の関与のもと、相続人全員で話し合いを行います（詳細については、第3章5　遺産分割調停をご参照ください）。

参照条文
（遺産の分割の協議又は審判等）
民法第907条　共同相続人は、次条の規定により被相続人が遺言で禁じた場合を除き、いつでも、その協議で、遺産の全部又は一部の分割をすることができる。
2　遺産の分割について、共同相続人間に協議が調わないとき、又は協議をすることができないときは、各共同相続人は、その全部又は一部の分割を家庭裁判所に請求することができる。ただし、遺産の一部を分割することにより他の共同相続人の利益を害するおそれがある場合におけるその一部の分割については、この限りでない。
3　前項本文の場合において特別の事由があるときは、家庭裁判所は、期間を定めて、遺産の全部又は一部について、その分割を禁ずることができる。

Q3-38 印鑑証明書の要否

相続登記に使用する遺産分割協議書には、相続人全員が実印で押印をして、印鑑証明書を添付する必要がありますか？

相続登記に使用する遺産分割協議書には、原則、相続人全員が実印を押印して、印鑑証明書を添付します。

なお、登記実務上、登記申請人（不動産を取得することになる相続人）

の印鑑証明書について、添付不要という見解もありますが（『登記研究』141 号・46 頁・質疑応答）、一方で、相続人全員の印鑑証明書を提供するのが望ましいとの見解もあるため、特段の事情の無い限り、原則どおりに添付した方が良いでしょう。

Q3-39 ── 印鑑証明書が発行できない海外居住者

一部の相続人が海外に居住していて印鑑証明書の発行ができない場合、どのように対応したらよいでしょうか？

海外に居住している相続人がいる場合、日本の印鑑証明書の代わりとして、在外公館（外国にある日本国大使館・総領事館）において、遺産分割協議書に「署名証明書」を合綴してもらう方法（以下、「貼付型」という）または、別個に「署名証明書」を発行してもらう方法（以下、「単独型」という）があります。

どちらの方法でも原則、相続登記等の手続きに使用できますが、「貼付型」の方が、署名との一致が認められないリスクが低いため、より確実と言えます。

「単独型」の方法ではスムーズに手続きが進めてもらえない法務局もありますので、連携をする司法書士に事前に相談した方が良いでしょう。

Q3-40 ── 行方不明者の相続人

相続人の中に行方不明の者がいる場合は、どのように対応したらよいのでしょうか？

他の相続人から「不在者財産管理人選任申立」を行い、家庭裁判所に

よって不在者財産管理人として選任された者と遺産分割協議をすることになります。

この場合、不在者にとって一方的に不利益となる内容の遺産分割協議は、合理的な理由がない限り認められません。

申立について
遺産分割協議を行うために不在者財産管理人の申立てをするケース

●申立人

利害関係人（不在者の配偶者、相続人、債権者など）

検察官

●申立先

・不在者の従来の住所地または居所地の家庭裁判所

●費用

・収入印紙 800 円分

・郵便切手（家庭裁判所により金額が異なるため管轄裁判所に要確認）

（※）不在者の財産の内容から、不在者財産管理人が不在者の財産を管理するために必要な費用（不在者財産管理人に対する報酬を含む）に不足が出る可能性がある場合は、不在者財産管理人が円滑に事務を行うことができるよう、申立人が相当額を予納金として納付することがあります。

当該予納金の金額は、ケースによっては 100 万円程度になることもあるため、留意が必要です。

●申立時の必要書類

① 申立書【資料 35】

② 不在者の戸籍謄本

③ 不在者の戸籍の附票

④ 財産管理人候補者の住民票（または戸籍の附票）

⑤ 不在の事実を証する資料

⑥ 不在者の財産に関する資料（不動産の登記事項証明書、預貯金の残高が分かる通帳など）

（※）審理のために必要な場合は、追加書類の提出を指示されることがあります。

■【資料 35】申立書の記入例（不在者財産管理人選任）

https://www.courts.go.jp/vc-files/courts/2020/R02280603huzaikan.pdf

受付印	家 事 審 判 申 立 書　事件名（　不在者財産管理人選任　）
	（この欄に申立手数料として1件について８００円分の収入印紙を貼ってください。） 印　紙 （貼った印紙に押印しないでください。） （注意）登記手数料としての収入印紙を納付する場合は，登記手数料としての収入印紙は貼らずにそのまま提出してください。

収入印紙	円
予納郵便切手	円
予納収入印紙	円

準口頭		関連事件番号　平成・令和　　　年（家　　　）第　　　　　　　　号

○　○　家 庭 裁 判 所 　　　　　　　御 中 令和 ○ 年 ○ 月 ○ 日	申　立　人 （又は法定代理人など） の 記 名 押 印	甲　野　一　郎　　㊞

添付書類	

申 立 人	本　籍 （国　籍）	（戸籍の添付が必要とされていない申立ての場合は，記入する必要はありません。） 　　　　都　道 　　　　府　県		
	住　所	〒 ○○○ － ○○○○　　　　　　　電話　○○○（○○○　）○○○○ ○○県○○市○○町○丁目○○番○○号 （　　　　　　　方）		
	連絡先	〒 　　－　　　　　　　　　　　電話　　（　　　） （注：住所で確実に連絡ができるときは記入しないでください。） （　　　　　　　方）		
	フリガナ 氏　名	コ ウ ノ　　イ チ ロ ウ 甲　野　一　郎	昭和 平成 令和　○ 年 ○ 月 ○ 日生 （　○○　歳）
	職　業	会　社　員	

※ 不 在 者	本　籍 （国　籍）	（戸籍の添付が必要とされていない申立ての場合は，記入する必要はありません。） ○○　都　道 　　　府　県　　○○市○○町○丁目○番地		
	従来の 住　所	〒 ○○○ － ○○○○　　　　　　　電話　　（　　　） ○○県○○市○○町○丁目○番○号○○コーポ○○○号室 （　　　　　　　方）		
	連絡先	〒 　　－　　　　　　　　　　　電話　　（　　　） （　　　　　　　方）		
	フリガナ 氏　名	コ ウ ノ　　ジ ロ ウ 甲　野　二　郎	昭和 平成 令和　○ 年 ○ 月 ○ 日生 （　○○　歳）
	職　業	無　職	

（注）　太枠の中だけ記入してください。
※の部分は，申立人，法定代理人，成年被後見人となるべき者，不在者，共同相続人，被相続人等の区別を記入してください。

別表第一（1／2）

第３章　相続開始後の法務と手続き

4　遺産分割協議

233

申　立　て　の　趣　旨

不在者の財産管理人を選任するとの審判を求めます。

申　立　て　の　理　由

1　申立人は，不在者の兄です。

2　不在者は，平成〇年〇月〇日職を求めて大阪方面へ出かけて以来音信が途絶えたため，親戚，

友人等に照会をしてその行方を探しましたが，今日までその所在は判明しません。

3　令和〇年〇月〇日に不在者の父太郎が死亡し，別紙財産目録記載の不動産等につき不在者が

その共有持分（6分の1）を取得しました。また，不在者に負債はなく，その他の財産は別紙目

録のとおりです。

4　このたび，亡太郎の共同相続人間で遺産分割協議をすることになりましたが，不在者は財産管

理人を置いていないため，分割協議ができないので，申立ての趣旨のとおりの審判を求めます。

　なお，財産管理人として，不在者の叔父（亡太郎の弟）である次の者を選任することを希望し

ます。

　　　住所　　　〇〇県〇〇市〇〇町〇丁目〇〇番〇〇号

　　　　　　（電話番号　〇〇〇-〇〇〇-〇〇〇〇）

　　　氏名　　甲　野　五　郎（昭和〇年〇月〇日生　職業　会社員）

234

（別紙）

財　産　目　録

【土　地】

番号	所　　　　在	地番	地目	地積	備考
1	○○市○○町○丁目	○番○	宅地	平方メートル 150 00	甲野太郎名義 建物1の敷地 不在者の相続 分6分の1 評価額 ○○○万円

財　産　目　録

【建　物】

番号	所　　　　在	家屋番号	種類	構造	床面積	備考
1	○○市○○町○丁目○番地	○番○	居宅	木造瓦葺平家建	平方メートル 90 00	甲野太郎名義 土地1上の建物 不在者の相続 分6分の1 評価額 ○○○万円

財　産　目　録

【現金，預・貯金，株式等】

番号	品　　　　目	単位	数量（金額）	備　　考
1	○○銀行定期預金 （番号○○○－○○○○）		3，104，000円	甲野太郎名義 不在者の相続分6分の1 申立人保管
2	○○銀行普通預金 （番号○○○－○○○○）		800，123円	甲野太郎名義 不在者の相続分6分の1 申立人保管
3	○○株式会社　株式	50 円	8，000株	甲野太郎名義 不在者の相続分6分の1 申立人保管
4	現金		4，500円	不在者が残置していったもの 申立人保管

Q3-41 — 相続人に成年被後見人がいる場合

相続人の中に成年被後見人がいる場合は、どのように対応すればよいでしょうか？

相続人の中に成年被後見人がいる場合は、成年後見人が代わりに遺産分割協議を行うことになります。

ただし、当該成年後見人が、共同相続人の1人でもある場合は、利益相反行為に該当しますので、裁判所に「特別代理人選任申立」をすることになります（特別代理人選任申立後の流れについては、**Q3-28** をご参照ください）。

なお、後見監督人が選任されている場合は、当該後見監督人が成年被後見人の代わりに遺産分割協議を行いますので、特別代理人選任申立は不要です。

申立について
成年後見人と成年被後見人の間で遺産分割協議を行うケース

●申立人
　・成年後見人
●申立先
　・後見開始の審判をした家庭裁判所
●費用
　・収入印紙 800 円分
　・郵便切手（家庭裁判所により金額が異なるため管轄裁判所に要確認）
●申立時の必要書類（一般的なケース）
　①　申立書【資料 36】
　②　特別代理人候補者の住民票（または戸籍の附票）
　③　遺産分割協議書（案）

236

④　遺産の内容が分かる資料

（※）審理のために必要な場合は、追加書類の提出を指示されることがあります。

■【資料 36】申立書の記入例（特別代理人選任）

https://www.courts.go.jp/vc-files/courts/file5/R017409tokubetdudairinin-seinenkouken.pdf

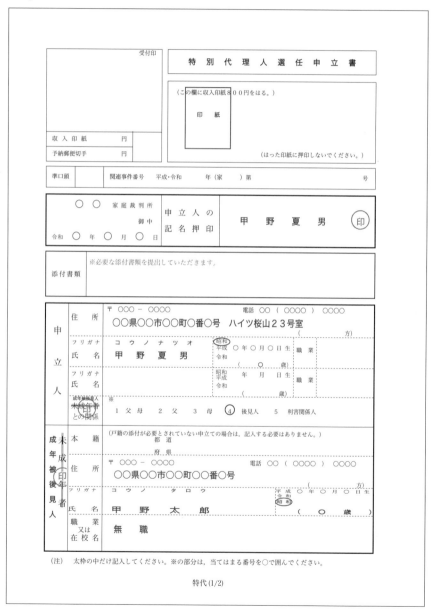

申　立　て　の　趣　旨
特　別　代　理　人　の　選　任　を　求　め　る　。

申　立　て　の　理　由	
利　益　相　反　す　る　者	利　益　相　反　行　為　の　内　容
※ 1　親権者と未成年者との間で利益相反する。 2　同一親権に服する他の子と未成年者との間で利益相反する。 3　後見人と未成年者との間で利益相反する。 ④　その他（成年後見人と成年被後見人との間で利益相反する。	※ ①　被相続人亡　甲野花子　の遺産を分割するため 2　被相続人亡　　　　　　　　　　の相続を放棄するため 3　身分関係存否確定の調停・訴訟の申立てをするため 4　未成年者の所有する物件に　1　抵当権　を設定するため 　　　　　　　　　　　　　　　2　根抵当権 5　その他（　　　　　　　　　　　　　　　　　　　　） （その詳細） 被相続人甲野花子（令和○年○月○日死亡）の遺産を，別紙遺産 分割協議書（案）のとおり分割するため。

特別代理人候補者	住　所	〒 ○○○ － ○○○○　　　　　　電話 ○○（ ○○○○ ） ○○○○ ○○県○×市○△町○○番地の○　　　　　　（　　　　　　　　方）
	フリガナ 氏　名	オツカワアキオ 乙　川　秋　雄	昭和 平成 ○年 ○月 ○日生 （ ○○ 歳）	職業 会 社 員
	成年被後見人 未成年者 との関係	母方の叔父		

（注）　太枠の中だけ記入してください。※の部分については，当てはまる番号を○で囲み，利益相反する者欄の４及び利益相反行為の内容欄の５を選んだ場合には，（　　　）内に具体的に記入してください。

特代(2/2)

239

Q3-42 — 換価分割

換価分割とは、どのような遺産分割の方法ですか？

換価分割とは、遺産である不動産などを売却換価（現金化）して、その金銭を分配する遺産分割の方法です。

なお、不動産を換価分割する場合、被相続人名義から直接買主名義に登記を変更することはできないため、前提として、必ず相続登記を行う必要があります。

一般的な遺産分割協議書の記載例は、以下のとおりです。

共同相続人が３人のケース

相続人○○○○、相続人△△△△および相続人□□□□は、次の不動産を、各自持分３分の１の割合で取得し、これを共同で売却換価し、売却代金から相続登記費用、遺産承継手続費用、不動産仲介手数料、境界確定及び測量費用、収入印紙代ほか、相続手続および売却手続きに要する一切の費用並びに売却手続きが完了するまでの間に要する一切の費用の合計額を控除した残額を、各自３分の１の割合で取得する。

なお、端数が生じる場合は、○○○○が取得する。

所在　東京都○○区○○○一丁目
地番　１番１
地目　宅地
地積　100.00平方メートル

また、実務上、特定の相続人の単独名義で相続登記を行い、当該相続人が代表して売却活動をすることがあります。

この場合、前提となる相続登記をするにあたって、遺産分割協議書の記載に注意する必要があります。

以下に、遺産分割協議書の記載例を2パターン掲載しますが、法務局によって取扱いや判断が異なる可能性があるため、実際に手続きをする場合は、連携をする司法書士に相談をして手続きを進めてください。

●パターン①

1．相続人○○○○は、次の不動産を換価分割するために、取得する。

　　　所在　　東京都○○区○○○一丁目
　　　地番　　1番1
　　　地目　　宅地
　　　地積　　100.00平方メートル

2．相続人○○○○は、1．で取得をした不動産を売却して換価し、売却代金から相続登記費用、遺産承継手続費用、不動産仲介手数料、境界確定および測量費用、収入印紙代ほか、相続手続および売却手続きに要する一切の費用並びに売却手続きが完了するまでの間に要する一切の費用の合計額を控除した残額を、相続人全員で法定相続分の割合に従って按分し、各相続人に対して分配するものとする。
　　なお、端数が生じる場合は、相続人○○○○が取得する。

●パターン②

　　相続人○○○○は、相続人を代表して次の不動産を売却して換価し、売却代金から相続登記費用、遺産承継手続費用、不動産仲介手数料、境界確定及び測量費用、収入印紙代ほか、相続手続および売却手続きに要する一切の費用並びに売却手続きが完了するまでの間に要する一切の費用の合計額を控除した残額を、相続人全員で法定相続分の割合に従って按分し、各相続人に対して分配する。ただし、端数が生じる場合は、相続人○○○○が取得する。

なお、売却手続きを行うにあたって、不動産の名義を便宜的に相続人〇〇〇〇に相続を原因とする所有権移転登記を行うことに合意する。

　　所在　東京都〇〇区〇〇〇一丁目
　　地番　１番１
　　地目　宅地
　　地積　100.00 平方メートル

遺産の換価分割のための相続登記と贈与税（国税庁・質疑応答事例）
【照会要旨】
　遺産分割の調停により換価分割をすることになりました。ところで、換価の都合上、共同相続人のうち１人の名義に相続登記をしたうえで換価し、その後において、換価代金を分配することとしました。この場合、贈与税の課税が問題になりますか。
【回答要旨】
　共同相続人のうちの１人の名義で相続登記をしたことが、単に換価のための便宜のものであり、その代金が、分割に関する調停の内容に従って実際に分配される場合には、贈与税の課税が問題になることはありません。

Q3-43 ― 代償分割

代償分割とは、どのような遺産分割の方法ですか？

　代償分割とは、特定の相続人が遺産の全部または一部を取得する場合において、当該相続人から他の共同相続人に対して、代償金として金銭等を支払う遺産分割の方法です。

　代償分割は、相続人の１人が、遺産の大部分を占める不動産を単独で取得する代わりに、他の共同相続人に相当の金銭を支払うことで遺産分割協議がまとまるケースなどで利用されることが多いです。

　一般的な遺産分割協議書の記載例は、以下のとおりです。

> 1．相続人○○○○は、次の不動産を取得する。
>
> 2．相続人○○○○は、1．の不動産を取得する代償として、相続人△△
> △△に対して、金○○○万円を支払うこととし、これを○○○○年○○
> 月○○日限り、相続人△△△△が指定する口座に振り込みをする方法に
> より支払う。なお、振込手数料は、相続人○○○○の負担とする。

【代償金の支払いに損害金の条項を入れたい場合】

> 3．相続人○○○○が前項の支払いを怠ったときは、既払金を除く残金及
> びこれに対する○○○○年○○月○○日の翌日から支払い済まで年○％
> の割合による遅延損害金を支払う。

Q3-44 ── 相続不動産から生じた賃料

遺産分割協議の成立前に相続財産である不動産から生じた賃料については、当該不動産を取得した相続人が受け取れるのでしょうか？

まず前提として、相続開始後の賃料は「相続財産」に該当しません。

この点について、判例では、「相続開始から遺産分割までの間に共同相続に係る不動産から生ずる金銭債権たる賃料債権は、各共同相続人がその相続分に応じて分割単独債権として確定的に取得し、その帰属は、後にされた遺産分割の影響を受けない。」とされています（最判平成17年9月8日）。

よって、遺産分割協議成立前の相続財産の不動産から生じた賃料は、遺産分割協議の結果取得することになった相続人が、当然に取得することはできません。

なお、実務的には、通常、不動産を取得した相続人が、相続開始後の固定資産税などを負担することになるため、相続の開始後の賃料について

も、当該相続人が受け取るケースが一般的です。

ただし、相続人の関係性が良くない場合は、賃料の取扱いについて、「相続開始後の賃料に関する確認書」などを作成して、トラブルを予防した方が良いでしょう。

（最判平成 17 年 9 月 8 日）
遺産は、相続人が数人あるときは、相続開始から遺産分割までの間、共同相続人の共有に属するものであるから、この間に遺産である賃貸不動産を使用管理した結果生ずる金銭債権たる**賃料債権は、遺産とは別個の財産というべきであって、各共同相続人がその相続分に応じて分割単独債権として確定的に取得するものと解するのが相当である。**遺産分割は、相続開始の時にさかのぼってその効力を生ずるものであるが、各共同相続人がその相続分に応じて分割単独債権として確定的に取得した上記賃料債権の帰属は、後にされた遺産分割の影響を受けないものというべきである。

Q3-45 ─ 遺産の一部の分割協議

遺産の一部について、遺産分割協議をすることもできるのでしょうか？

可能です。

もともと、遺産の一部についての遺産分割協議は、実務上可能との取扱いでしたが、相続法改正により、民法上でも可能と明記されました。

（遺産の分割の協議又は審判等）
民法第 907 条 共同相続人は、次条の規定により被相続人が遺言で禁じた場合を除き、いつでも、その協議で、遺産の全部又は一部の分割をすることができる。
2 遺産の分割について、共同相続人間に協議が調わないとき、又は協議をすることができないときは、各共同相続人は、その全部又は一部の分割を家庭裁判所に請求することができる。ただし、遺産の一部を分割することにより他の共同相続人の利益を害するおそれがある場合におけるその一部の分割については、この限りでない。
3 前項本文の場合において特別の事由があるときは、家庭裁判所は、期間を定めて、遺産の全部又は一部について、その分割を禁ずることができる。

Q3-46 — 預貯金の払戻し

遺産分割協議が成立するまで、預貯金の払戻しを受けることはできないのでしょうか？

相続財産のうち、預貯金については、「相続開始と同時に当然に相続分に応じて分割されることはなく、遺産分割の対象となる」との最高裁の判例があります（最判平成 28 年 12 月 19 日）。

よって、現在、遺産である預貯金については、基本的に遺産分割協議が成立するまでは、個別の払戻しに応じられない取扱いになっています。

ただし、相続法の改正により、相続の開始時における預貯金の 3 分の 1 に相当する額に法定相続分を乗じた額（1 金融機関につき上限 150 万円）を、各相続人が単独で払戻しを受けられることになりました（詳細については、第 3 章 3　遺産分割前の預貯金の払戻し制度をご参照ください）。

> （最判平成 28 年 12 月 19 日）
> 　共同相続された普通預金債権、通常貯金債権及び定期貯金債権は、いずれも、相続開始と同時に当然に相続分に応じて分割されることはなく、遺産分割の対象となるものと解するのが相当である。

Q3-47 — 遺産分割協議前の遺産の処分

遺産分割協議前に遺産が処分された場合はどうなりますか？

遺産分割協議の対象となる遺産は原則、（相続の開始時ではなく）遺産分割協議をする時点において存在するものであることが前提ですが、相続人の全員が同意することによって、遺産分割協議前に処分された財産を、遺産分割のときにおいて存在しているものとみなすことができます。

なお、当該処分をした者が相続人である場合は、その相続人の同意を得

第3章　相続開始後の法務と手続き

4　遺産分割協議

245

ることなく存在しているものとみなせます。

　例えば、共同相続人の１人または数人が、勝手に被相続人の預貯金を引き出して浪費してしまった場合、浪費をした相続人以外の相続人が合意をすることで、浪費された預貯金が存在するものとみなすことができます。

　なお、浪費された預貯金の額は、浪費をした相続人の相続分から差し引かれます。

参照条文
民法第906条の2　遺産の分割前に遺産に属する財産が処分された場合であっても、共同相続人は、その全員の同意により、当該処分された財産が遺産の分割時に遺産として存在するものとみなすことができる。
2　前項の規定にかかわらず、共同相続人の一人又は数人により同項の財産が処分されたときは、当該共同相続人については、同項の同意を得ることを要しない。

5　遺産分割調停

Q3-48 — 遺産分割協議がまとまらない

遺産分割協議がまとまらない場合や、一部の相続人が協力してくれない場合は、どうしたらよいのでしょうか？

　遺産分割協議を早急に行いたいにもかかわらず、一部の相続人が非協力的なため、遺産分割協議が一切進まないというケースは少なくありません。

　また、疎遠になっている相続人が、「もめ事に巻き込まれたくない」、「私には関係ない」といった理由で、遺産分割協議に応じてくれないこともあります。

　このように任意での話し合いが難しい場合は、家庭裁判所に「遺産分割調停」を申し立て、遺産分割協議を進めていくことになります。

参照条文
（遺産の分割の協議又は審判等）
民法第907条　共同相続人は、次条の規定により被相続人が遺言で禁じた場合を除き、いつでも、その協議で、遺産の全部又は一部の分割をすることができる。
2　遺産の分割について、共同相続人間に協議が調わないとき、又は協議をすることができないときは、各共同相続人は、その全部又は一部の分割を家庭裁判所に請求することができる。ただし、遺産の一部を分割することにより他の共同相続人の利益を害するおそれがある場合におけるその一部の分割については、この限りでない。

Q3-49 ── 遺産分割調停の流れ

遺産分割調停は、具体的にどのような流れで進むのでしょうか？

　家庭裁判所に申立てられた遺産分割調停は、一般的に、以下の流れで進みます。

　裁判所から共同相続人全員に対して、調停に関する呼出しの通知が送られ、呼び出された相続人全員は、家庭裁判所の裁判官と、調停委員の有識者２名（この３人を「調停委員会」といいます）を交えて、遺産の分け方について話し合いをします。

　調停の中では、それぞれの相続人が、どの財産が欲しいのか、どの財産がいらないのかなど具体的な希望を裁判官や調停委員に伝え、その内容をもとに相続人全員が納得するような遺産の分け方を協議し、最終的に相続人全員が合意できれば、その合意に従って遺産を分割することになります。

【話し合いがまとまった場合】

　遺産分割の話し合いがまとまった場合は、合意した内容が調停条項として定められ、これを記載した「調停調書」が作成されます。

　この調停調書は、審判と同一の効力がありますので、金銭の支払いについて定められていれば、他の相続人に対して強制執行をすることが可能であり、不動産の取得が条項に定められていれば、当該不動産を取得することになった相続人が、単独で名義変更（相続登記）をすることができます。

【話し合いがまとまらない場合】

　遺産分割調停は、基本的に、相続人全員が納得できる内容の協議が成立するまで話し合いは続けられますが、どうしても全員の納得が得られない場合には、調停は「不成立」となり（これを「不調」といいます）、遺産

分割調停は終了します。

　家庭裁判所の家事事件の調停では話し合いがまとまらなかった場合、「遺産分割審判」という手続きに移行することになります。

　遺産分割審判は、裁判官が、相続人全員の主張を聞いた上で遺産の分割方法を決めるものです。

◎遺産分割審判の注意点

　遺産分割審判においては、裁判官が、遺産に属する物または権利の種類および性質、各相続人の年齢、職業などを考慮して、遺産分割の内容を決定するため、必ずしも相続人の全員が納得できる結果になるとは限りません。

　また、裁判官は、審判をするにあたって、遺産の全部または一部を競売や任意売却により金銭に換価することや、特定の相続人に代償金を支払うよう命令できます（例：特定の不動産を１人の相続人に相続させる代わりに、その相続人から他の相続人に対してお金を支払わせる）。

　つまり、遺産分割審判では、遺産分割調停で希望した遺産の分け方と異なった分割内容が、裁判官の「審判」として決められてしまうこともあります。

参照条文
（遺産の分割の基準）
民法第906条　遺産の分割は、遺産に属する物又は権利の種類及び性質、各相続人の年齢、職業、心身の状態及び生活の状況その他一切の事情を考慮してこれをする。

6　相続登記

Q3-50 ── 相続登記の必要種類

相続登記をするには、どのような書類が必要でしょうか？

相続登記をするには、通常、以下の書類が必要になります。

遺産分割協議をして特定の相続人が不動産を取得するケース

(1)　被相続人の出生から死亡までの戸籍（除籍・改製原戸籍）

(2)　被相続人の本籍の記載のある住民票の除票（または戸籍の附票）

(3)　相続人全員の戸籍

(4)　不動産を取得する相続人の住民票

(5)　遺産分割協議書（相続人全員の印鑑証明書付）

(6)　相続対象不動産の固定資産評価証明書（最新年度のもの）

（補）相続対象不動産の権利証（登記識別情報通知）

【注意点】

・法定相続情報証明の一覧図の写し（被相続人と相続人の住所の記載があるもの）があれば(1)、(2)、(3)、(4)の書類は不要です。

・(1)の除籍・改製原戸籍や(2)の住民票の除票が、保存期間の経過等により取得できない場合は、市役所等で「廃棄証明書」を取得します。

　また、戦火や災害で焼失等している場合は、「告知書（焼失証明等)」を取得します。

・(3)の相続人全員の戸籍は、被相続人の死亡日より"後"に発行されたものが必要です。

・（補）の権利証（登記識別情報通知）は、被相続人の「最終の住所」と

「登記簿上の住所」が異なり、住民票の除票などの記載からも住所の変遷経緯を証明できない場合に、補完資料として使えることがあります。

　また、建物の敷地以外の私道・名寄帳に載らない非課税の土地持分・マンションの共用部分の持分など、財産調査から漏れる可能性がある不動産の調査資料としても利用できます。

　特に、私道の持分などの相続登記が漏れてしまうと将来売却をする際に様々な問題が生じるので、注意が必要です。

Q3-51　戸籍の原本かコピーか

相続登記には、戸籍等の原本が必要ですか？コピーでもよいのでしょうか？

　法務局に相続登記を申請する場合、戸籍（除籍・改製原戸籍）や住民票の除票などは、すべて原本を提出する必要があります。

　相続人が多数いる場合は、平成29年5月29日から全国の登記所で開始された「法定相続情報証明制度」を利用すると便利です（詳細については、第1章3　法定相続情報証明をご参照ください）。

　なお、提出した原本については「原本還付」という手続きを取ることで、登記完了後に返却してもらうことができます。

Q3-52　印鑑証明書の有効期限

遺産分割協議書に添付する印鑑証明書に有効期限はありますか？

　相続登記に遺産分割協議書を使用する場合、当該遺産分割協議書に添付する印鑑証明書については、有効期限はありません（発行から3か月以上

経過しているものでも利用できます）。

　その他、被相続人の除籍・改製原戸籍や相続人の戸籍などの証明書についても、有効期限はありません。

　ただし、相続人の戸籍については、「被相続人の死亡日」より後に発行されたものを提出する必要があるため注意が必要です（相続の開始時点において生存していたことを証明するためです）。

Q3-53 — 相読登記の義務と申請期限

相続登記の申請義務はありますか？　また、申請期限はありますか？

　令和3年4月21日、「民法等の一部を改正する法律」（令和3年法律第24号）が成立しました。

　当該改正法の施行により、令和6年4月1日から相続登記の申請が義務化されます。

　具体的には、相続により不動産を取得した者は、自己のために相続の開始があったことを知り、且つ不動産の所有権を取得したことを知った日から3年以内に相続登記を申請しなければなりません。

　期限内に相続登記を申請しなかった場合は、10万円以下の過料（※）の対象となります。

　（※）行政上の金銭罰です。（罰金・科料とは異なります。）

Q3-54 — 相続登記を申請しなかった場合のリスク

相続登記を申請しなかった場合、何かリスクはありますか？

　相続登記を申請しなかった場合、**Q3-53** で説明した過料以外にも、以

下のリスクがあります。

1．今の段階では「まとまっている話」が白紙同然になってしまう可能性がある。

　相続人のうち、不動産を取得する特定の相続人が話し合いで決まっていたとしても、その事実を証明する「遺産分割協議書」を作成していない場合や、紛失してしまった場合は、相続登記をすることはできません。

　そのような状況下において、さらに、当時の相続人に相続が発生すると、相続登記に使用する遺産分割協議書には、亡くなった相続人の相続人全員の同意（実印での押印）が必要になってしまいます。

　亡くなった相続人の相続人全員が、当時の話し合いに理解を示し、協力をしてくれれば大きな問題は生じませんが、関係性が悪く同意をしてくれないことや、金銭（ハンコ代）を要求されるケースもあります。

　つまり、当時、不動産の相続登記が可能な状況であったとしても、その証明となる遺産分割協議書を作成していない場合や、紛失してしまった場合などは、成立していた遺産分割協議の内容どおりに不動産を取得して相続登記をすることができなくなってしまう可能性があるということです。

　なお、遺産分割協議書のコピーが残っている場合であっても、原本を紛失している場合は、コピーを使用して相続登記をすることはできません。

　この場合、改めて遺産分割協議書を作り直す必要があります。

　そして、作り直す際は、当時の相続人の中に亡くなっている相続人がいる場合、前述のとおり亡くなった相続人の相続人全員の同意が必要になります。

2．相続した不動産を売却するには、前提として相続登記をする必要がある。

　相続をした不動産を売却することになった場合、その前提として、必ず相続登記をしなければなりません（被相続人名義から買主名義に直接名義変更することはできません）。

相続の発生直後は、「売る予定はないので、相続登記はあとですれば良い」と考えていても、その後のライフスタイルや生活環境の変化で、急遽、不動産を現金化する必要が生じることもあります。

　そのような状況になって、急いで相続登記をしようとしても、他の相続人と連絡がつかず必要書類が集まらなかったり、遺産分割協議書を紛失していると相続登記ができず、売却手続きがスムーズに行えない可能性があります。

３．第三者からの差押えから財産を守れない可能性がある。

　遺産分割協議を行い、特定の相続人が不動産を単独で取得することとなった場合、相続登記をしない限り法定相続分を超える持分については、第三者（相続人以外）に対抗することはできません。

　例えば、相続人の中に多額の借金を抱えている人がいて返済が滞っている場合、お金を貸している債権者は、債権者代位権を行使して「法定相続分」で相続登記を行い、借金のある相続人の持分を差押えることができます。

　この場合、借金をしていない相続人が単独で相続するという遺産分割協議が成立していた場合であっても（遺産分割協議書が作成されている場合でも）、差押えにより競売がされると、遺産分割協議どおりに相続できなくなります。

４．遺言により取得した不動産について、法定相続割合を超える部分は対抗関係になる。

　相続法の改正前は、相続人が「相続させる旨の遺言」によって取得した不動産については、登記をしなくても第三者に対抗することができましたが、改正後は、自己の法定相続割合を超える部分については、登記をしない限り第三者に対抗できないことになりました。

　例えば、他の相続人が勝手に法定相続割合で相続登記を行い、第三者に自己の持分を売却してその登記がなされてしまうと、相続登記を怠ってい

た相続人は、遺言により不動産の全部を取得したにもかかわらず、その持分について所有権を取得することができません。

（※）2019 年 6 月 30 日までに発生した相続については、改正前の民法が適用されるため、相続人は、「相続させる旨の遺言」があれば、相続登記をしていなくても第三者に対抗することができます。

参照条文
（共同相続における権利の承継の対抗要件）
民法第 899 条の 2 第 1 項 相続による権利の承継は、遺産の分割によるものかどうかにかかわらず、次条及び第 901 条の規定により算定した相続分を超える部分については、登記、登録その他の対抗要件を備えなければ、第三者に対抗することができない。

Q3-55 — 相続登記が長期間されていない不動産

何代にも渡り相続登記をしていなかった不動産の相続登記をする場合、どのような手続きをすることになるのでしょうか？

何代にも渡り、相続登記をしていなかった不動産の相続登記をする場合は、各相続の発生当時の相続人を確定させ、順次権利関係などを整理して、現在の所有者に名義を変更することになります。

ただし、手続きに関与する相続人の人数が膨大になる場合や、相続人の中に行方不明者がいて連絡が取れない場合などは、スムーズに相続登記ができない可能性があるため注意が必要です。

実際、何代も前から相続登記をしていなかった不動産の相続登記を試みたところ、手続きに関与する相続人があまりにも多いため、依頼者が諦めてしまったケースもあります。

Q3-56 — 遺言による登記

遺言による相続登記や遺贈の登記は、どのように行うのでしょうか?

遺言による登記については、遺言に①「〇〇(相続人)に不動産を相続させる」と記載がされているケース(特定財産承継遺言)と②「△△に不動産を遺贈する」と記載されているケースで、手続きの進め方が異なります。

①の「〇〇(相続人)に不動産を相続させる」と遺言に記載されているケースでは、遺言によって不動産を取得する相続人が、以下の書類を用意することで単独で相続登記をすることができます。

【遺言による相続登記の必要書類】
(1) 遺言(公正証書遺言・自筆証書遺言(検認後)・遺言書保管制度を利用した自筆証書遺言)
(2) 被相続人の死亡が確認できる戸籍(除籍)
(3) 被相続人の本籍の記載のある住民票の除票(または戸籍の附票)
(4) 不動産を相続する相続人の戸籍
(5) 不動産を相続する相続人の住民票(または戸籍の附票)
(6) 対象不動産の最新の固定資産評価証明書

②の「△△に不動産を遺贈をする」と遺言に記載されているケースでは、遺言執行者がいる場合は、当該遺言執行者と受遺者、遺言執行者がいない場合は、相続人全員と受遺者が共同して遺贈の登記を申請することになります。

その場合の必要書類は、以下のとおりです。

【遺贈の登記の必要書類（遺言執行者がいる場合）】

(1) 遺言（公正証書遺言・自筆証書遺言（検認後）・遺言書保管制度を利用した自筆証書遺言）

(2) 対象不動産の権利証（登記識別情報通知）

(3) 被相続人の死亡が確認できる戸籍（除籍）

(4) 被相続人の本籍の記載のある住民票の除票（または戸籍の附票）

(5) 受遺者の住民票（または戸籍の附票）

(6) 遺言執行者の印鑑証明書（発行から３か月以内のもの）

(7) 対象不動産の最新の固定資産評価証明書

【遺贈の登記の必要書類（遺言執行者がいない場合）】

(1) 遺言（公正証書遺言・自筆証書遺言（検認後）・遺言書保管制度を利用した自筆証書遺言）

(2) 対象不動産の権利証（登記識別情報通知）

(3) 被相続人の出生から死亡までの戸籍（除籍・改製原戸籍）

(4) 被相続人の本籍の記載のある住民票の除票（または戸籍の附票）

(5) 受遺者の住民票（または戸籍の附票）

(6) 相続人全員の戸籍謄本

(7) 相続人全員の印鑑証明書（発行から３か月以内のもの）

(8) 対象不動産の最新の固定資産評価証明書

Q3-57 ― 完済した住宅ローンの抵当権

相続登記をする不動産の登記記録上に、完済した住宅ローンの抵当権が残っている場合、どのように対応すればよいのでしょうか？

相続登記を行う不動産について、すでに完済した住宅ローンなどに関する抵当権が、抹消されずに登記記録に残っていることがあります。

意外に知られていないのですが、抵当権は、債務を弁済した場合であっても自動的には消えません（原則、所有者と抵当権者の共同申請で抹消登記を申請する必要があります）。

　このような場合、通常、抵当権者（金融機関などの債権者）に連絡を取り、抵当権抹消の手続きの必要書類を交付（再交付）してもらうよう依頼することになります。

　なお、多くの金融機関は協力をしてくれますが、抵当権者が個人の場合は、すぐに連絡がつかないことや、抵当権者に相続が発生していることもあるため、抵当権を抹消するにあたって一筋縄でいかないケースもあります。

　このようなケースにおいては、どのような方針を取るべきか個別具体的に判断する必要があるため、司法書士のアドバイスのもと手続きを進めた方が良いでしょう。

Q3-58 ― 現存しない建物登記

　相続した土地上には建物が現存していないにもかかわらず、建物の登記が残っているようです。どのように対応すればよいでしょうか？

　土地上に建物が現存していない場合は、建物の滅失登記を申請することになります。

　建物の滅失登記をしない限り、実際には建物が存在していないにもかかわらず、登記記録上は建物が残っていることになります。

　登記記録上残ったままの状態で放置をしていると、土地を売却をする場合や金融機関から融資を受けて抵当権を設定する場合などに、その前提として、急遽、滅失登記をしなければならないこともあります。

【滅失登記の手続き】

建物の滅失登記については、相続人の1人から手続が可能です。

その場合、建物滅失登記を申請するにあたっては、以下の書類が必要になります。

なお、登記されている内容によって、別途書類が必要になるケースもあるので、実際に手続きをする際は、土地家屋調査士に相談をした方が良いでしょう。

(1) 工事業者の解体証明書または取毀（取壊し）証明書

　　（※）工事業者の実印が押印されている必要があります。

(2) 工事業者の印鑑証明書（有効期限はありません）

(3) 被相続人と相続人の関係が分かるところから死亡までの戸籍（除籍・改製原戸籍）

(4) 被相続人の本籍の記載のある住民票の除票（または戸籍の附票）

(5) 相続人の戸籍

(6) 相続人の住民票

Q3-59 ── 登録免許税

相続登記の登録免許税は、どのように計算するのでしょうか？

【登録免許税の基本的な計算方法】

相続登記をする際には、登録免許税を納めなければなりません。

この登録免許税の具体的な計算方法は、次のとおりです。

登録免許税の計算方法

課税価格（A）×4/1,000＝登録免許税（B）

（A）

　課税価格とは、固定資産税評価額（固定資産評価証明書に記載されている金額）の 1,000 円未満を切り捨てた金額です。

　課税価格が 1,000 円に満たない場合は 1,000 円で計算します。

　例）固定資産税評価額が 1,234 万 5,678 円の土地の場合

　⇒課税価格は 1,234 万 5,000 円になります。

（B）

　登録免許税は、課税価格に 4/1,000 を掛けて 100 円未満を切り捨てた金額です。

　※計算の結果 1,000 円に満たないときは、1,000 円になります。

　上記の土地のケースでは、

　　課税価格　1,234 万 5,000 円 × 4/1,000 ＝ 4 万 9,380 円

　100 円未満切り捨て。

　⇒登録免許税は、4 万 9,300 円になります。

【土地や建物が複数ある場合の計算方法】

　例）土地の固定資産税評価額　1,234 万 5,678 円

　　　建物の固定資産税評価額　　234 万 5,678 円

〈課税価格〉

土地と建物の固定資産税評価額を合計します。

　　1,234 万 5,678 円 ＋ 234 万 5,678 円 ＝ 1,469 万 1,356 円

　1,000 円未満を切り捨てます。

　　課税価格……1,469 万 1,000 円

〈登録免許税〉

　課税価格に 4 ／ 1,000 をかけます。

　　1,469 万 1,000 円 × 4/1,000 ＝ 5 万 8,764 円

　100 円未満を切り捨てます。

　⇒登録免許税は、5 万 8,700 円になります。

【敷地権付区分建物（マンションなど）の場合の計算方法】

例）建物（部屋）の固定資産税評価額　234万5,678円

土地の固定資産税評価額（敷地全体の価格）　1,234万5,678円

相続登記する部屋の敷地権割合　1/4（登記事項証明書から確認できます）

〈課税価格〉

まず、土地の課税価格を算定します。

敷地全体の固定資産税評価額に登記事項証明書に記載されている「敷地権の割合」をかけます（後記の「登記事項証明書」【資料37】をご参照ください）。

1,234万5,678円×1/4＝308万6,419.5円

小数点以下を切り捨てます。

土地の持分の固定資産税評価額………308万6,419円

土地の持分と建物（部屋）の固定資産税評価額を合計します。

建物（234万5,678円）＋土地（308万6,419円）＝543万2,097円

1,000円未満を切り捨てます。

課税価格………543万2,000円

〈登録免許税〉

課税価格に4/1,000をかけます。

543万2,000円×4/1,000＝2万1,728円

100円未満を切り捨てます。

⇒登録免許税は、2万1,700円になります。

261

■【資料37】登記事項証明書

東京都特別区南都町1丁目3－1－101 　　　　　　　　全部事項証明書　　　　（建物）

専有部分の家屋番号	3－1－101　3－1－102　3－1－201　3－1－202			
表 題 部 （一棟の建物の表示）		調製	余 白	所在図番号 余 白

所　　　在	特別区南都町一丁目　3番地1	余 白
建物の名称	ひばりが丘一号館	余 白

① 構　　造	② 床　面　積　　㎡	原因及びその日付〔登記の日付〕
鉄筋コンクリート造陸屋根2階建	1階　300　60 2階　300　40	〔令和1年5月7日〕

表 題 部 （敷地権の目的である土地の表示）				
①土地の符号	② 所 在 及 び 地 番	③地 目	④ 地 積　　㎡	登 記 の 日 付
1	特別区南都町一丁目3番1	宅地	350　76	令和1年5月7日

表 題 部 （専有部分の建物の表示）		不動産番号	0000000000000
家屋番号	特別区南都町一丁目　3番1の101	余 白	
建物の名称	R10	余 白	

① 種　類	② 構　　造	③ 床　面　積　　㎡	原因及びその日付〔登記の日付〕
居宅	鉄筋コンクリート造1階建	1階部分　150　40	令和1年5月1日新築 〔令和1年5月7日〕

ここが敷地権割合です。

表 題 部 （敷地権の表示）			
①土地の符号	② 敷地権の種類	③ 敷 地 権 の 割 合	原因及びその日付〔登記の日付〕
1	所有権	4分の1	令和1年5月1日敷地権 〔令和1年5月7日〕

所 有 者	特別区東都町一丁目2番3号　株 式 会 社 甲 不 動 産

権 利 部 （ 甲 区 ） 　（所 有 権 に 関 す る 事 項）			
順位番号	登 記 の 目 的	受付年月日・受付番号	権 利 者 そ の 他 の 事 項
1	所有権保存	令和1年5月7日 第771号	原因　令和1年5月7日売買 所有者　特別区南都町一丁目1番1号 　　甲 野 一 郎

権 利 部 （ 乙 区 ） 　（所 有 権 以 外 の 権 利 に 関 す る 事 項）			
順位番号	登 記 の 目 的	受付年月日・受付番号	権 利 者 そ の 他 の 事 項
1	抵当権設定	令和1年5月7日 第772号	原因　令和1年5月7日金銭消費貸借同日設定 債権額　金4，000万円 利息　年2・60％（年365日日割計算） 損害金　年14・5％（年365日日割計算） 債務者　特別区南都町一丁目1番1号 　　甲 野 一 郎 抵当権者　特別区北都町三丁目3番3号 　　株 式 会 社 南 北 銀 行

＊　下線のあるものは抹消事項であることを示す。　　　　整理番号　D12445　（3/3）　　1/2

262

【固定資産税評価額が「非課税」になっている公衆用道路の計算方法】

　相続登記をする土地の中に、公衆用道路がある場合、固定資産税評価額は「非課税」のため固定資産税は課税されませんが、相続登記の際の登録免許税はかかります。

　この場合、不動産の所在地を管轄する市区町村役場に、公衆用道路の「近傍宅地における 1 ㎡あたりの価額（近傍宅地価格）」を確認します。

　（※）「近傍宅地価格」については、固定資産評価証明書に予め記載されている場合と、申し出により記載をしてくれる場合があります。

　公衆用道路を相続登記する場合の登録免許税の計算は、以下のとおりです。

　（例）

　　　　市区町村役場に確認した近傍宅地 1 ㎡あたりの価額………10 万円

　　　　公衆用道路の地積………9 ㎡

　　　　近傍宅地の価額に公衆用道路の地積を掛けます。

　　　　　10 万円×9 ㎡＝90 万円

　　　　上記で算出した金額に 30/100 を掛けます。

　　　　　90 万円×30/100＝27 万円

　　　　公衆用道路の課税価格………27 万円

　　　　この課税価格に 4/1,000 をかけます。

　　　　　27 万円×4/1,000＝1,080 円

　　　　100 円未満を切り捨てます。

　　　　⇒登録免許税は 1,000 円になります。

7　借地権・底地の相続

Q3-60 — 借地権の相続

　借地権を相続した場合、どのような手続きをすればよいのでしょうか？

　相続人が借地権を相続した場合、被相続人の地位を包括的に承継するため、土地の賃貸借契約（いわゆる借地契約）について、再契約などの手続きは不要です。

　ただし、契約上の賃借人が変更になるため、相続が発生したこと及び借地権を相続した相続人の情報について、賃貸人（地主）に対して通知をしておいた方が良いでしょう。

　なお、法定相続人以外の親族が遺贈などで借地権を取得した場合は、一般的に、第三者の取得と同様に名義書換えのための承諾料等を支払う必要があります。

　次に、登記についてですが、借地権については、借地借家法第10条により、借地上の建物を「借地人名義」で所有権保存（または移転）の登記をすることで対抗要件を備えたことになるため、土地に借地権（賃借権・地上権）に関する登記がなされているケースはあまり多くありません。

　この場合、建物についてのみ、相続登記をすることになります。

　なお、ケースによっては、借地権（賃借権・地上権）が登記されていることもあるため、念のため、土地の登記事項証明書も確認しておきましょう。

参照条文
（借地権の対抗力）
借地借家法第10条　借地権は、その登記がなくても、土地の上に借地権者が登記されている建物を所有するときは、これをもって第三者に対抗することができる。
　2　（省略）

Q3-61 ── 底地の相続

底地を相続した場合、どのような手続きをすればよいのでしょうか？

底地を相続した場合、基本的な手続きについては、通常の土地（所有権）を相続した場合と異なるところはなく、底地の相続登記をします。

なお、地代の支払い方法や振込先などを変更する場合は、借地人に対して別途通知をする必要があります。

Q3-62 ── 借地権の相続と承諾料

借地権を相続した場合、地主に承諾料を払う必要がありますか？

一般的に、借地権を相続した場合、被相続人の賃借人の地位も包括的に承継するため、賃貸人（地主）から承諾を得る必要がなく、承諾料が発生することはありません。

なお、法定相続人以外の者が借地権を取得した場合は、**Q3-60** のとおり一般的に承諾料を支払う必要があります。

Q3-63 ── 借地権付き建物の売却

相続した借地権付き建物を売却したい場合、どうすればよいのでしょうか？

借地権を取得した相続人が、すでに自宅を所有している場合や、遠方に居住している場合など、相続した借地権を利用しないため、売却を希望す

るケースがあります。

この場合、借地権を売却するにあたっては、通常、賃貸人（地主）に対して借地権の譲渡について「承諾料」を支払って承諾してもらう必要があります（承諾を得ずに売却した場合は、借地契約が解除されてしまうリスクがあります）。

この承諾料については、借地契約書のなかで「譲渡承諾料は、借地権の価格の○％とする。」など具体的な金額ではなく、借地権の価格をベースに定められているケースがありますが、借地権の価格の計算方法については、法律では定められていません。また、承諾料については、地域や貸主の属性によって取扱いが大きく異なる場合があります。

よって、承諾料について明確な金額が決まっていない場合は、適切な価格で着地できるよう慎重に話し合いをする必要があります。

この話し合いの重要性の認識が甘く非常識な交渉を持ち掛けてしまうと、賃貸人（地主）の反発を買ってしまい、承諾を得るために必要以上に苦労してしまうこともあります。

交渉に不安がある場合は、借地の分野に強い不動産業者や弁護士などにサポートを依頼して、手続きを進めた方が良いでしょう。

無事に地主の承諾を得ることができれば、第三者への売却が可能となります。

なお、建物も一緒に売却する場合は、建物の相続登記が必要です。

Q3-64　底地の売却

相続した底地を売却したい場合、どうすればよいのでしょうか？

底地を取得した相続人が、地代が極端に低い場合や、固定資産税の負担が大きい場合、相続した底地の売却を希望するケースがあります。

底地は所有権であるため、借地権と異なり、第三者の許可なく自由に売

266

却することが可能です。

しかし、底地には、借地借家法上の「借地権」が設定されていて利用が制限されるため、底地の買取を行っている一部の不動産業者などを除き、地代の金額（利回り）が高くない限り、第三者が購入してくれることはあまり期待できません。

ただし、借地人の状況によっては、以下のいずれかの形で話がまとまるケースもあります。

① 借地人に買い取ってもらう

借地人からすれば、底地の所有権を取得することで、土地と建物の両方の所有者となるため、資産価値が高まり、また、将来の地代も発生しなくなるため、購入価格次第では大きなメリットが生じます。

② 借地権を買い取る

借地権を買い取ることで、借地権の負担がない土地になります。

買取金額にもよりますが、以下の見通しがつく場合は、借地権を買い取ることも検討できます。

| 借地権の買取価格 | + | そのための諸経費 | < | 所有権として売却した際の市場価値 |

なお、「底地の売却」or「借地権の買取り」の方針の決定については、結果的にどのようなメリット・デメリットが生じるかを総合的に判断する必要がありますので、一概にどちらが良いとは言い切れません。

また、判断を誤ると、資産状況の悪化を招いてしまうこともありますので、事前に信頼のできる不動産業者などに相談をして、方針を決定した方が良いでしょう。

8 相続不動産の売却

Q3-65 — 相続不動産の売却

相続した不動産を売却して現金化したい場合、どのように手続きを進めればよいでしょうか？

相続した不動産（以下、「相続不動産」という）を売却することになった場合の一般的な手続きの流れは、以下のとおりです（相続した借地権の売却手続きについては、第3章7 借地権・底地の相続 **Q3-63** をご参照ください）。

スケジュール上、特に注意しなければいけないことは、相続不動産を売却するには、その前提として「相続登記」を行い、不動産の所有者を相続人名義に変更する必要があるということです。

特に、売却時期が決まっている場合は、できる限り余裕をもって相続登記を完了させておくことが重要です。

なお、登記手続上、相続登記と売却による所有権移転登記を同時に申請することも可能ですが、相続登記に必要な書類を紛失するなど不測の事態が生じる可能性もあるため、予め相続登記を完了させた上で、売却を行った方が安全です。

ケースによっては、買主側から、代金の支払い（以下「決済」という）前に相続登記を完了するよう求められることもあります。

STEP1 相続人の確定

相続人を確定するため、除籍・改製原戸籍・戸籍謄本などを収集します。

遺言がある場合は、遺言による相続登記に必要な書類を取得します

（詳細については、第 3 章 6　相続登記の **Q3-56** をご参照ください
い）。

（※）遺言がある場合は、STEP2 〜 STEP4 は不要です。

STEP2　遺産分割協議

STEP3　遺産分割協議書の作成・調印

相続人全員による実印での押印と印鑑証明書の手配が必要です。

STEP4　相続登記に必要な書類の取得

住民票の除票や固定資産評価証明書などの公的証明書を、必要に応
じて取得します。

STEP5　相続登記の申請

申請した相続登記が即日完了するケースは少ないため、事前に登記
完了予定日を、法務局の公開情報で確認しておきましょう。

STEP6　相続不動産の売却　（不動産の売買契約の締結〜決済）

不動産の仲介業者に売却活動を依頼する場合、STEP2（遺産分割
協議）または STEP3（遺産分割協議書の作成・調印）の前後から
相談すると良いでしょう。

遺産分割協議がまとまる前に動き出してしまうと、相続人同士のト
ラブルに発展することもあるので注意が必要です。

Q3-66 — 売却上の注意点

相続した不動産を売却する場合に注意をすることはありますか？

　相続した不動産の登記記録（乙区）に、抵当権などの担保権が設定されているケースは注意が必要です。

　通常、不動産の売却にあたっては、担保権を抹消して買主に引き渡す必要があります。

　売却代金から一括返済をする場合は、一般的に、売買契約の締結後に担保権者である金融機関などに対して、繰上返済の連絡をすることになりますが、繰上返済の連絡は、担保権者側の事務処理（金利計算・担保権抹消書類の手配など）の関係上、決済日の２週間前までには行った方が良いでしょう。

　決済の直前になって連絡をした場合、担保権を抹消するための書類の準備が間に合わず、決済日を延期せざるを得ない状況になることもあります。

　また、既に完済しているにもかかわらず、登記上に担保権が残っているケースも注意が必要です。

　この場合、大手の金融機関など連絡が取りやすい担保権者であれば問題が生じるケースは少ないですが、担保権者が個人で相続が発生している場合や、何年も前に解散してしまっている法人などの場合、コンタクトが取れず、当初のスケジュールどおりに売却ができない可能性があります（**Q3-57** もご参照ください）。

9 相続と分筆登記

Q3-67 — 分筆登記

分筆登記とはどのような手続きですか？ 手続きにはどのような書類が必要ですか？

分筆登記とは、1つの土地を登記上、数個の土地に分ける（地番を分ける）手続きのことをいいます。

例えば、Aという土地について、土地を3つに分ける場合は、新たにBとCという土地をAから切り出す形になります。

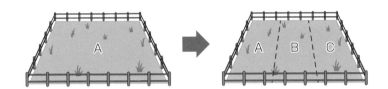

この分筆登記は、どのような土地でも自由にできるわけではなく、土地の境界（筆界）が確定していない場合は、「境界確定測量」という手続きをしなければ行うことができません。

「境界確定測量」とは、隣接している土地の所有者と立会を行い、土地の境界を確定する測量のことです。

境界確定測量後の土地について分筆登記をする場合は、以下の書類が必要になります。

なお、分筆登記には専門的な知識が必要になるため、実際に手続きを行う場合は、分筆の方法（分け方）等も含めて土地家屋調査士に相談をした方が良いでしょう。

271

【必要書類】

① 境界確定測量の際に隣接土地所有者と取り交わした境界確認書（筆界確認書）

② 地積測量図

（※）被相続人が所有していた土地について、相続人から分筆登記を申請する場合は、追加で以下の書類が必要になります。

(1) 被相続人の出生から死亡までの戸籍（除籍・改製原戸籍）

(2) 被相続人の本籍の記載のある住民票の除票（または戸籍の附票）

(3) 相続人全員の戸籍

(4) 相続人全員の住民票（または戸籍の附票）

Q3-68 分筆登記にかかる期間

分筆登記には、どれくらいの期間がかかりますか？

分筆登記をする場合、一般的な目安ではありますが、「境界確定測量（3か月〜4か月）＋ 登記手続き（1週間〜2週間）」の期間がかかります。

ただし、これはあくまで目安であり、土地の権利関係や隣接地の状況によっては、1年近くかかるケースもあるため、分筆登記を完了させなければならない期限等がある場合は、早めに土地家屋調査士に相談をした方が良いでしょう。

Q3-69 相読登記前の分筆登記

分筆登記は、相続登記の前に行うことはできますか？

分筆登記を、相続登記の前に（被相続人名義のまま）行うことは可能です。

また、土地上に建物がある場合や、駐車場として利用されている場合であっても、分筆登記は可能です。

　なお、相続登記より先に分筆登記をした場合、分筆後の不動産について、当該不動産を取得した相続人単有名義に直接相続登記をすることができますが、分筆登記より先に相続人全員の共有名義で相続登記を行った場合は、分筆後の土地がすべて共有状態となるため、単有状態にするためには、別途、相続人の間で「共有物分割」、「贈与」または「交換」などをする必要があります。

　費用対効果を考えると、分筆することが確定している場合は、相続登記をする前に分筆登記をした方が良いでしょう。

（例）土地をA・B・Cに分筆して、Aを子①、Bを子②、Cを配偶者が
　　　取得したいケース

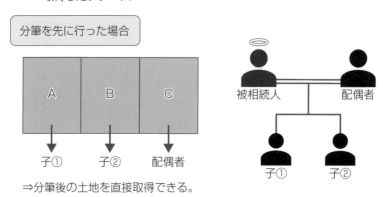

分筆を先に行った場合

A	B	C
↓	↓	↓
子①	子②	配偶者

⇒分筆後の土地を直接取得できる。

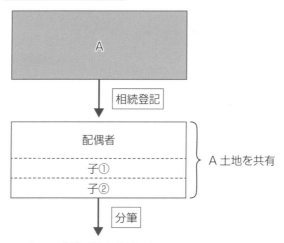

分筆を後に行った場合

A

↓ 相続登記

配偶者
子①
子②

A 土地を共有

↓ 分筆

全ての土地が共有状態になる

A 配偶者	B 配偶者	C 配偶者
子①	子①	子①
子②	子②	子②

⇒相続人同士で共有物分割、贈与または
　交換などを行わない限り、共有状態が解消されない。

Q3-70 — 相続登記前の分筆登記と遺産分割協議

相続登記の前に分筆登記をして、分筆後の土地を相続人が単独で取得する遺産分割協議を行いたい場合、どのような内容にすればよいでしょうか？

既に分筆登記が完了している場合は、遺産分割協議書に、分筆後の地番を記載することで、分筆後の土地を相続人が単独で取得することができます。

一方、分筆登記が完了していない場合は、遺産分割協議書において、「土地をどのように分筆して、どの部分を誰が相続するのか」を具体的に記載する必要があるため、別紙として「分筆予定図面」を作成して添付します。

この遺産分割協議書に添付する「分筆予定図面」は、土地家屋調査士の作成にかかる「境界確定測量後の図面」が望ましく、当該図面に、分筆後の仮番号や記号を振って、遺産分割協議書の別紙として合綴します（境界確定測量については、**Q3-67** をご参照ください）。

なお、境界確定測量後の図面以外の図面（※）を添付して遺産分割協議書を作成してしまうと、後日、分筆登記のため境界確定測量をした際に、寸法や面積に誤差が生じてしまい、最悪の場合、遺産分割協議書を作り直すことになってしまうリスクがあります。

（※）境界確定測量をしていない図面の一例
　　・相続人がメジャー等を利用して土地を測り、寸法・面積が正確でない図面
　　・測量は行ったが、隣接者との境界確定をせずに作成された図面

◎遺産分割協議書の記載例

分筆登記が完了していない場合において、分筆後の土地を相続人が単独で取得する遺産分割協議を行いたい場合、遺産分割協議書については、以下の内容で作成します。

なお、当該遺産分割協議書による相続登記の可否については、法務局によって取扱いが異なる可能性があります。

　実際に手続きをする際は、管轄法務局または連携をする司法書士に事前に確認をしてください。

1. 相続人〇〇〇〇は、遺産のうち、次の土地を相続する。

　　　所在　　〇〇区〇〇町〇丁目
　　　地番　　2821番13
　　　種類　　宅地
　　　地積　　430.65㎡
　　　上記不動産を別紙図面のとおり分筆した北側の土地(A)部分 180.87㎡

2. 相続人△△△△は、遺産のうち、次の土地を相続する。

　　　所在　　〇〇区〇〇町〇丁目
　　　地番　　2821番13
　　　種類　　宅地
　　　地積　　430.65㎡
　　　上記不動産を別紙図面のとおり分筆した南側の土地(B)部分 249.78㎡

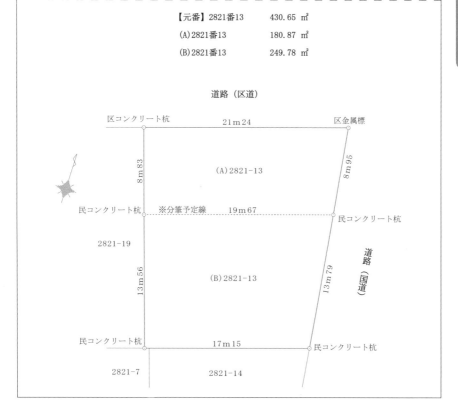

10　相続と合筆登記

Q3-71　合筆登記

合筆登記とはどのような手続きですが？　また、手続きにはどのような書類が必要ですか？

合筆登記は、隣り合っている土地（接続している土地）同士を、登記記録上１つの土地とする手続きです。

例えば、1番1のA土地（100 ㎡）と1番2のB土地（100 ㎡）を、1つの土地にしたい場合、合筆登記をすると、1番1のA土地（200 ㎡）になります。

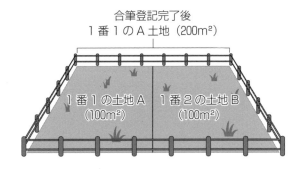

合筆登記完了後
1番1のA土地（200m²）

1番1の土地A
（100m²）　1番2の土地B
（100m²）

合筆登記をする場合は、以下の書類が必要になります。

なお、合筆登記をするにあたっては、専門的な知識が必要になるケースもあるため、実際に手続きを行う場合は、土地家屋調査士に相談をした方が良いでしょう。

【必要書類】

①　登記申請人の印鑑証明書（有効期限３か月以内）

② 合筆するいずれかの土地の登記識別情報通知または権利証

(※) 被相続人が所有していた土地について、相続人から合筆登記を申請する場合は、追加で以下の書類が必要になります。

⑴ 被相続人の出生から死亡までの戸籍（除籍・改製原戸籍）

⑵ 被相続人の本籍の記載のある住民票の除票（または戸籍の附票）

⑶ 相続人全員の戸籍

⑷ 相続人全員の住民票（または戸籍の附票）

Q3-72 合筆登記にかかる期間

合筆登記には、どれくらいの期間がかかりますか？

合筆登記をする場合、一般的な目安ではありますが、「合筆登記のための調査等（1日〜1週間）」+「登記手続き（1週間〜2週間）」の期間がかかります。

なお、合筆登記を行う場合は、以下の要件を満たす必要があります。

① 合筆する土地同士が接している（接続している）。

② 合筆する土地同士の所有者が同じである。

③ 合筆する土地同士の登記記録上の地目が同一であり、実際の利用状況も一致している。

➡登記記録上の地目が「宅地」と「畑」のように異なる場合は、合筆登記できません。また、登記記録上の地目が同一であっても、実際の利用状況が異なる土地は合筆登記できません。

④ 合筆する土地同士の「丁目」「字」が同一である。

➡「一丁目1番」と「二丁目1番」の土地は合筆登記できません。

⑤ 抵当権などの担保権の登記が設定されていない。

➡合筆する土地すべてについて、登記された担保権の登記の目的・受付年月日・受付番号等が同一の場合（担保権の内容が全く同一の場合）は合筆登記できます。

Q3-73 — 相続登記前の合筆登記

相続登記前に合筆の登記をすることはできますか？

合筆登記を、相続登記をする前に行うことは可能です（ただし、**Q3-72** 記載の要件を満たしている必要があります）。

例えば、相続人が3人いるケースにおいて、遺産である土地が2筆（隣接している）あり、3人で等分の面積で取得したい場合などは、分筆の前提として相続登記をする前に合筆することがあります。

なお、対象の土地上に建物がある場合や、駐車場として利用している場合などでも合筆の登記は可能です。

11 会社の役員・株主の相続

Q3-74 役員死亡による登記変更

会社の役員が亡くなった場合、登記を変更する必要はありますか？

会社の取締役や監査役などの役員が亡くなった場合、会社の「役員に関する登記事項」を変更する必要があります。

死亡による変更の登記は、会社法上、相続開始の日から2週間以内に申請する必要があります。

取締役会を設置している会社では、「取締役の員数は3名以上」と法律で定められているため、辞任や任期満了によって員数を下回る場合、後任者を選任しない限り登記は受理されませんが、取締役の死亡の場合には、法律の規定する員数を下回る場合であっても登記をすることができます。

なお、原則、相続開始の日から2週間以内に変更登記をしなければなりませんが、実際に期限内に登記を申請できている会社は多くありません（相続開始の日から1か月前後で登記を変更しているケースが多い印象です）。

ただし、登記をせずに長期間放置をしていると、後日登記を申請した際に、裁判所から過料の支払いを命じられることもありますので、できるだけ速やかに手続きをした方が良いでしょう。

役員の死亡による変更登記を行う場合の必要書類は、以下のとおりです。

【死亡の登記＋後任者就任の登記を申請する場合】
① 株主総会議事録（取締役会議事録も必要になるケースがあります）

② 死亡を証する書面（役員が死亡した旨の記載のある戸籍（除籍）・死亡届など）

③ 就任承諾書

④ 委任状（司法書士に依頼をする場合）

（※）ケースに応じて役員の印鑑証明書などが必要になります。詳細については、司法書士にご確認ください。

【死亡の登記のみを申請する場合】

① 死亡を証する書面（役員が死亡した旨の記載のある戸籍（除籍）・死亡届など）

② 委任状（司法書士に依頼をする場合）

コラム

必要なときに慌てても遅い！会社の登記の重要性

　会社の登記については、登記懈怠による罰則もそこまで重くないため、中小企業の中には登記を軽視して、設立してから一度も役員の重任登記を行っていない会社も存在します。

　これは、中小企業において、会社の履歴事項証明書（登記簿謄本）を日常的に使用しないこと、また登記にはお金がかかるため、ついつい後回しにしてしまう傾向が強いことが原因と思われます。

　ただ、登記は、本当に必要なときにすぐに変更できないことがあります。

　昨今、新型コロナウイルスの関係で、日本政策金融公庫などを窓口に緊急融資が行われた際、代表取締役が死亡しているにもかかわらず変更登記をしていなかったなど、会社の登記事項が現状と異なるため、あわてて変更登記をする会社が多数ありました。

　通常、登記の処理には1〜2週間かかることが多く、有事の際は、その1〜2週間が資金繰りの明暗を分けることもゼロではないため、日ごろから顧問先の登記事項に変更が生じた場合は、その都度司法書士事務所と連携をして対応した方が良いでしょう。

　以下に、株式会社と合同会社の履歴事項全部証明書（登記簿謄本）のサンプル【資料38・39】を掲載しますので、登記事項の確認にお役立てください。

履歴事項全部証明書

東京都○○区○○○○○○○○○○○○○○○
株式会社○○○○

会社法人等番号	０１００－０１－○○○○○○
商 号	株式会社○○○○
本 店	東京都○○区○○○○○○○○○○○○○○○
公告をする方法	官報に掲載する方法により行う。
会社成立の年月日	令和○年○月○日
目 的	1．○○○○の企画、制作及び販売 2．前号に附帯する一切の事業
発行可能株式総数	○○○○株
発行済株式の総数 並びに種類及び数	○○○株
資本金の額	金○○○万円
株式の譲渡制限に 関する規定	当会社の発行する株式は、すべて譲渡制限株式とし、これを譲渡によって取得するには、株主総会の承認を要する。
役員に関する事項	取締役　　○　○　○　○
	東京都○○区○○○○○○○○○○○○○○○ 代表取締役　○　○　○　○
登記記録に関する 事項	設立 　　　　　　　　　　　　　令和○年○月○日登記

これらの登記内容に変更が生じた場合は、
原則２週間以内に登記を変更する必要があります。

整理番号　ア○○○○○○

履歴事項全部証明書

東京都○○区○○○○○○○○○○○○○○
合同会社○○○○

会社法人等番号	０１００－０３－○○○○○○
商　号	合同会社○○○○
本　店	東京都○○区○○○○○○○○○○○○○○
公告をする方法	官報に掲載する方法により行う。
会社成立の年月日	令和○年○月○日
目　的	１．○○○○の企画、制作及び販売 ２．前号に附帯する一切の事業
資本金の額	金○○○万円
社員に関する事項	業務執行社員　○　○　○　○
	東京都○○区○○○○○○○○○○○○○○ 代表社員　　　○　○　○　○
登記記録に関する事項	設立 　　　　　　　　　　　令和○年○月○日登記

これらの登記内容に変更が生じた場合は、
原則２週間以内に登記を変更する必要があります。

整理番号　ア○○○○○○　　※　下線のあるものは抹消事項であることを示す。

Q3-75 株主の相続

株主に相続が発生した場合、どのような処理をすることになりますか？

株主に相続が発生した場合、遺言がある場合や遺産分割協議が成立している場合を除き、被相続人が所有していた株式は「法定相続人の共有状態」となります。

この場合、相続人の中から1名権利を行使する者を定めて会社に通知することで、議決権を行使することができます（会社法第106条）。

参照条文
（共有者による権利の行使）
会社法第106条　株式が2以上の者の共有に属するときは、共有者は、当該株式についての権利を行使する者1人を定め、株式会社に対し、その者の氏名又は名称を通知しなければ、当該株式についての権利を行使することができない。ただし、株式会社が当該権利を行使することに同意した場合は、この限りでない。

実務上、相続人同士の関係性が良い場合は、特段問題なく遺産分割協議が成立するため、株式の権利行使者を定める必要性も生じず、相続人にスムーズに承継されることが多いです。

しかし、相続人同士の関係性が悪い場合は、株式を取得する相続人はもとより、権利の行使者すら決まらず、議決権を行使できない状況になってしまうケースがあります。

中小企業等の大株主の相続において、このような状況になってしまうと、定時株主総会における決算承認なども行えず、株主総会が機能しなくなってしまう可能性があるため、株式の承継について、将来揉める可能性がある場合は、遺言や家族信託（民事信託）などを利用して相続対策をしておいた方が良いでしょう。

【著者プロフィール】

中下 祐介 （なかした ゆうすけ）

司法書士 中下総合法務事務所 代表

長崎県佐世保市生まれ
中央大学 法学部法律学科卒
2006 年　司法書士試験 合格
2007 年　簡易裁判所代理業務認定試験 合格
（経歴）
大学在学中に司法書士試験に合格。
その後、都内の司法書士事務所で実務経験を積み、25 歳のときに東京都新宿区に「司法書士 中下総合法務事務所」を開業。
開業以来、個人・法人のクライアントに対して、登記業務を中心とした幅広いリーガルサービスを提供している。
特に相続対策・遺産承継に関する法務コンサルティングや手続きのサポートを得意としており、税理士・弁護士など他士業からも相談や業務連携の依頼を受けるほか、遺言や家族信託などのセミナーも積極的に行っている。
（WEB サイト）
司法書士 中下総合法務事務所　https://sougouhoumu.com/
相続のあんしん窓口　https://souzoku.sougouhoumu.com/
民事信託・家族信託のあんしん窓口　https://minji-shintaku.jp/

【税務監修】

村田 顕吉朗 （むらた けんきちろう）

村田顕吉朗税理士事務所 所長　税理士
相続・不動産の税務を専門とし、年間 100 件以上の相談を受けるほか、執筆、講演などを行っている。

Q&A
税理士が知っておくべき
相続の法務と手続き〈民法(相続法)改正対応〉

初版発行　2020 年 11 月 5 日
5 刷発行　2023 年 11 月 30 日
著　　　者　中下 祐介
発 行 者　橋詰 守
発 行 所　株式会社 ロギカ書房
　　　　　　〒 101-0052
　　　　　　東京都千代田区神田小川町 2 丁目 8 番地
　　　　　　進盛ビル 303 号
　　　　　　Tel 03（5244）5143
　　　　　　Fax 03（5244）5144
　　　　　　http://logicashobo.co.jp/
印刷・製本　　藤原印刷株式会社